八桂古城

漢後兩千年的廣西古城探索

U0082162

鄭舟 —— 主編

從全州到大新，遍訪17座廣西古城，
遙憶漢後的古人往事與民間發展歷史。

崧燁文化

目錄

目錄

前　言

　　廣西，別稱「八桂」。

　　城，這裡是指城市而言。廣西城的建立大多數在漢朝以後。西漢元鼎五年（前 110 年），武帝劉徹派出五路大軍，征討意欲篡權割據的南越國丞相呂嘉。次年平定了這一動亂。為了鞏固對南方的統治，漢武帝將嶺南之郡改為九郡，在郡下面又設了一些縣，因此相應在郡、縣的行政所在地建築了城池。廣西許多縣市的建置都於西漢元鼎六年（前 111 年）開始，許多地方就在歷史的長河中發展為城市。

　　由於行政機構隨政治、軍事、經濟、文化發展的需要而不斷地拆分、合併、遷移，廣西的城市也隨之產生、興廢、變遷與不斷發展。本書所選廣西的 17 座古城（故城或故城遺址），具有以下特點：（一）在歷史上曾是縣以上行政單位的駐地，如今尚為鎮一級以上行政單位的所在地。（二）目前尚保存有城門樓、城牆（或基礎）或歷史文化街區等著名的古建築。（三）雖已無城門樓、城牆，但歷史非常悠久，至今仍然發揮著廣西中心城市的功能和作用的城市，如梧州。（四）列入全國重點文物保護單位的故城遺址，如浦北縣的越州故城遺址。

本書對廣西這17座古城的歷史沿革、遺存的古建築物等進行了簡單的文字介紹，並附上了這些古城牆、古城門樓等古建築物的近期照片，讓讀者瞭解這些城市的建設沿革、歷史變遷和經濟發展的脈絡，認識到古建築是我們中華傳統文化的精髓之一，知道這些古建築的歷史地位與保護價值，以引起人們更加重視中華民族的優秀文化，增強世人對傳統古建築的保護意識。

桂林古城
GUILIN GUCHENG

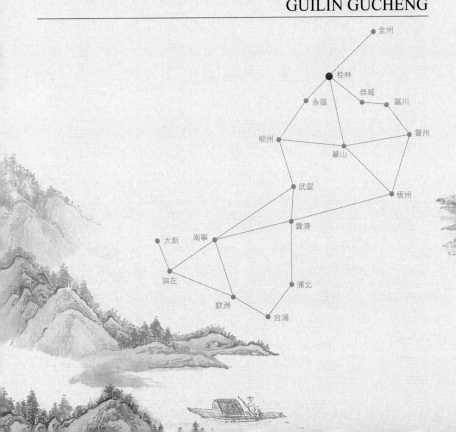

全州

桂林

恭城

永福   富川

柳州   贺州

蒙山

武宣   梧州

南宁 贯港
大新

崇左   浦北

钦洲

合浦

桂林古城

　　桂林是我國南方的古城，具有 2000 多年的歷史，在很長的歷史時期，一直是廣西的政治、文化中心。春秋時桂林屬於百越之地，戰國時歸屬楚國領域。秦始皇三十三年（前 214 年）統一嶺南後，設置南海、象、桂林三郡。當時桂林郡轄境包括今廣西的大部，郡治為布山，在今貴港市境內，今之桂林僅是它的東北一隅之地。

　　西漢元鼎六年（前 111 年）在今桂林一帶置始安縣，大部分史學家把這一年作為桂林成為縣治城市的開始，當時始安隸屬荊州零陵郡。東漢時，將始安縣改為始安侯國，仍屬荊州零陵郡。

　　三國吳甘露元年（265 年）始安郡從零陵郡獨立出來，隸屬荊州，始安郡和始安縣的治所都在今桂林。從這時起，始安實現了行政意義上的城市升級。

　　南朝宋泰始初，始安郡改為始建國，治所在始安，齊重新改為始安郡、始安縣，隸屬湘州。梁天監六年（507 年），從廣州分出桂州，始安郡隸屬桂州，當時桂州無固定治所。梁大同六年（540 年），置桂州於湘州，桂州州治遷移至今之桂林，桂州所轄的郡縣包括今天的桂林、柳州和平樂的大部分地區，這是今之桂林成為州治之始。桂林簡稱為「桂」也是從這裡開始。

　　隋朝，桂州恢復始安郡，仍為始安郡治。唐代，嶺南分為東、西兩道，嶺南西道下設邕、桂、容三管，桂管治所設在今

· 甑皮岩遺址

位於桂林市南郊的獨山西南麓，年代為前 7000—前 5500 年，是華南地區新石器時代早期有代表性的遺址，也是目前華南地區唯一的國家考古遺址公園。

之桂林。始安縣改名為臨桂縣。

宋朝初年，桂林仍是三級地方政權的治所。南宋紹興三年（1133 年），桂林升為靜江府，為廣西政治、經濟、文化中心，時稱「西南會府」。

元朝設行中書省，分轄道、路、府、縣。至元十五年（1278 年），靜江府改為靜江路。至正二十三年（1363 年）設置廣西行中書省，靜江路成為省治，省、路、縣治均在今之桂林。

明朝改元朝行中書省為承宣佈政使司，洪武五年（1372 年），改元朝靜江路為桂林府，隸屬廣西承宣佈政使司，布政使司、府、縣三級地方政權的治所仍設在桂林。

清朝把全國分為十八個行省，桂林為省、府、州、縣四級治所，仍是全省的政治中心。清代金鉷的《廣西通志》言明，臨桂縣「始安故城，漢置縣，吳為郡，梁後皆曰桂州，宋南渡為靜江，明為桂林」。這是對桂林城市沿革的高度概括。

武昌起義後不久，廣西宣佈獨立，廣西都督設在桂林，為地方最高行政機關。1914 年，廣西省會遷南寧，臨桂縣改稱桂林縣，隸屬桂林府，府、縣治所均在桂林。1936 年，省會遷回桂林。1940 年，置桂林市，並將桂林縣改回臨桂縣的舊稱。這是桂林建市的開始。

1949 年後，廣西行政中心設在南寧，桂林仍置市。1958 年，廣西壯族自治區成立，桂林為廣西壯族自治區直轄市。桂

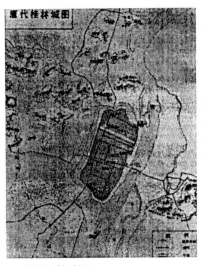

・唐代桂林城圖　　　　　・宋代桂林城圖

· 桂林東鎮門及城牆（宋代）

林市今轄秀峰、疊彩、象山、七星、雁山、臨桂6個區和陽朔、靈川、全州、興安、永福、灌陽、資源、平樂、荔浦、龍勝、恭城 11 個縣（自治縣）。

唐代，桂林古城東瀕灕江，南臨榕湖和杉湖，西有壕塘（今桂湖），還開發了隱山西湖，與榕湖和杉湖連成一片。唐武德年間在灕江西岸建子城，以護官府衙門。後向南、北、西三面擴展，築起外城。光啟年間，在城東北面增築夾城，形成了「前朝後市」的城市格局。

宋代，對桂林城進行了一次規模更大的修建，歷時 14 年，竣工後，在鸚鵡山刻了一幅《靜江府城池圖》（此次修築城池在南宋末年，當時桂林稱靜江府）。擴建後的桂林城池面積約 2 平方公里。加寬了南面和西面的護城河，並將城西低窪地辟為西湖。同時將榕湖沿城西至鸚鵡山腳的舊壕塘挖寬挖深，榕湖與杉湖同為城南的護城河，還從城北虞山下開掘一條朝宗渠經回龍山腳流入古壕，並在伏波山南開鑿一條管道經獨秀峰腳通城西壕塘。

元代，桂林城的走向方位與南宋時一樣，只是城牆修得更堅固雄偉。

明代，靖江王府按明王朝藩王府規制在獨秀峰周圍建築王府、王城，佈局嚴謹。城區範圍向南擴展，桂林城比宋元時擴大約三分之一，十字街已初步形成商業中心。

清代，城市已跨過灕江向東發展。

1933 年後，桂林城牆被陸續拆除。1944 年，日寇進犯，桂林這座漢代開闢、唐朝興起、宋代繁榮、抗戰期間盛極一時的文化名城變成一片焦土。

桂林城歷史悠久，古跡眾多，其中許多代表性古跡文物都具有很高的歷史、文學價值和藝術欣賞價值。

· 古南門（宋代）

古南門

古南門位於桂林市榕湖北岸，又名榕樹門。磚石砌築，高

19

5.3 公尺，長 39.4 公尺，厚 19.4 公尺。宋時築城防守，北起鸚鵡山，南至榕湖、杉湖，東抵灕江西岸，西倚壕塘，均用巨大的方料石構築而成。

· 花橋

花橋

花橋位於桂林市七星公園小東江與靈劍溪匯流處。元末明初，橋毀於洪水。明景泰七年（1456 年），在原橋基上「架木為橋」。嘉靖十九年（1540 年），重修為現存的四孔石橋，同時增旱橋 6 孔，以加強排洪，減緩橋面坡度。1965 年，再修為鋼

筋混凝土結構。

· 靖江王府大門

靖江王府

　　靖江王府位於桂林城中心獨秀峰下，建於明洪武五年
（1372 年），洪武二十六年（1393 年）築城牆。王府南北縱距
556.5 公尺，東西橫距 335.5 公尺，占地面積 18.7 萬平方公尺，
城牆高 7.9 公尺，厚 5.5 公尺。現存城牆高 5.1 公尺，底闊 5.5

公尺，頂闊 5.1 公尺。現遺存的部分城牆、城門及承運門台基、承運殿台基、王宮門殘基、王宮殘基等為明代建築。1947 年廣西省政府在此基礎上修建了 20 座建築，現在的廣西師範大學大門是當年在靖江王府承運門基礎上修建的，當時為民國廣西省政府大門。

· 靖江王府內的須彌座及欄杆

· 靖江王府內的雲階玉陛

舍利塔

舍利塔位於桂林市民主路萬壽巷北的隋唐時代開元寺舊址內，始建於唐顯慶二年（657年），原為七級佛塔。開元寺曾因鑒真和尚主持過受戒大典而名震海內外。明洪武二年（1369年）毀於大火，現存的舍利塔為洪武十六年（1383年）重修，洪武十八年（1385年）竣工。重修後的塔分三級，通高13.22公尺，基層為正方形，邊長7公尺，每面一門，四面相通。

· 舍利塔

西慶林寺

西慶林寺位於桂林市西山公園立魚峰南麓，北倚立魚峰，西有千山峰，東有隱山。寺廟修建在一片逐級上升的緩坡上，三面環山，門外臨湖，西湖鑲嵌於廟宇之東。

木龍石塔

　　木龍石塔位於桂林市疊彩山東麓、灕江西岸木龍古渡的一塊岩石上。石塔為喇嘛式寶瓶形，通高 4.34 公尺，建築年代推斷為唐代，屬桂林市最早的古塔，1963 年被列為廣西壯族自治區文物保護單位。

· 木龍石塔

崇善清真寺

　　崇善清真寺位於桂林市崇善路南端，始建於清雍正十二年（1734 年），嘉慶年間曾擴建，道光及民國年間曾重修。建築面積為 1218 平方公尺，建築風格以中國傳統民居結構為主，是桂林市保存較完整、較古老的清真寺。1978 年後多次維修，為桂林市文物保護單位。

· 崇善清真寺

摩崖石刻

桂林的摩崖石刻很多，最著名的有桂海碑林和西山摩崖石刻。

靖江王陵

　　靖江王陵位於桂林市七星區東郊堯山西南麓，其範圍南北
15 公里，東西 7 公里，共有王親藩戚墓葬 300 多座。

· 桂海碑林

· 摩崖造像

· 靖江王陵

供稿：唐春松、譚小榮

南寧古城

NANNING GUCHENG

全州

桂林

永福   恭城   富川

柳州   賀州

蒙山

武宣   梧州

貴港

大新 南寧

浦北

崇左

欽洲

合浦

南寧古城

　　南寧古城在今廣西壯族自治區南寧市青秀區邕江大橋北端一帶的老城區。

　　南寧市在秦朝時屬於桂林郡地。漢朝屬於郁林郡領方縣境地（領方縣治在今賓陽縣境內）。東晉大興元年（318 年）設置了晉興郡，郡治就在現在的南寧市，這是南寧建制的開始。到隋開皇十八年（598 年），撤銷晉興郡，設置宣化縣，宣化縣的縣名一直延續到清代末年。

· 弦紋橢圓銎斜弧刃銅鉞

戰國（前 475—前 221 年）。通長 8.9 公分，刃寬 9.4 公分。1992 年南寧市邕江水下出土，廣西壯族自治區博物館藏。

此鉞為橢圓銎，不對稱斜弧刃。前後兩面的兩肩之間均有一條不規整的弧狀凸弦紋，銎的中下部鑄有一條橫線。此類型鉞在廣西武鳴戰國墓也有出土，並有石範伴出，證明為本地所產。

·頂螄山遺址

全國重點文物保護單位。位於南寧市邕寧區蒲廟鎮的頂螄山上。屬典型的內河流域淡水性貝丘遺址。現存面積約 5000 平方公尺，遺址發現於 1994 年，1997—1999 年中國社科院考古研究所、廣西文物工作隊、南寧市博物館等單位對遺址進行了 3 次發掘，共發掘面積 1000 多平方公尺，是廣西目前保存較好、出土遺物多、文化內涵豐富的史前文化遺址之一。

頂螄山文化貝丘遺址，與黃河流域的陝西半坡文化遺址、長江流域的河姆渡文化遺址一樣，共同見證了中華民族的遠古文明。

南寧古城

　　唐武德四年（621 年）設置南晉州。貞觀六年（632 年）改名為邕州，南寧市稱為「邕」便從此開始。天寶元年（742 年），此地曾改名為朗寧郡。乾元元年（758 年）又重新改為邕州。從隋開皇十八年（598 年）到唐乾元元年（758 年），郡和宣化縣的治所一直在南寧。唐鹹通三年（862 年）設置嶺南西道，治所在南寧，南寧作為省一級政府的駐地至今已有 1150 多年的歷史。

　　宋代時邕州、宣化縣的治所仍在南寧。元至元十六年（1279 年），邕州改為邕州路；泰定元年（1324 年）又改為南寧

· 南寧古城牆

路。治所均在南寧。自元泰定元年（1324 年）改為南寧路開始，「南寧」之名由此定下來，至今已有 690 多年的歷史。

明、清兩代，此處設南寧府，這裡均為府治和縣治。

民國二年（1913 年）撤銷府治，宣化縣改為南寧縣；民國三年（1914 年）改為邕寧縣。此階段縣的治所為南寧。

1912—1936 年，南寧為廣西省的省會。

1950 年 2 月，設置了南寧市，為省轄市，廣西省會駐地，南寧成為廣西的政治、經濟、文化、資訊中心。1958 年 3 月 5 日，廣西壯族自治區成立，南寧為自治區首府。南寧今轄橫縣、賓陽、上林、馬山、隆安 5 個縣和青秀、興寧、西鄉塘、江南、邕寧、良慶、武鳴 7 個城區及南寧高新技術產業開發區、南寧經濟技術開發區、廣西 - 東盟經濟技術開發區 3 個國家級開發區。

南寧是一座歷史悠久的文化古城，古城牆、會館、古民居、古炮臺等，是南寧的歷史記憶，見證著這座古城的千年變遷。

南寧舊城垣──古代城牆

在南寧邕江江邊、邕江一橋北端，有一段古城牆，為南寧市文物保護單位。

南寧舊城垣自宋代修築，初期城牆周長約 1050 公尺，高約

6 公尺，設有東門（今南寧市電信局大樓右側，民生路頭與南環路尾交界處）、迎恩門（北門，今工人文化宮內）、倉西門（今民生路與解放路交界處）、鎮江門（水閘門，今邕江大橋北岸橋頭）、安塞門（今邕江賓館左側民族路口）五座城門，城門上均築城樓。明萬曆三十年（1602 年），增開南門。

清乾隆年間，南寧府大規模修復城牆，此城牆「高三丈一尺，厚二丈五尺，城周圍一千零五十步，設垛一千零九十六個」。內外均以青磚砌築，中間填充黃泥。現存的城牆建於清乾隆六年（1741 年），青磚砌築，長約 57 公尺，牆上部厚約 40 公分，下部厚約 1 公尺，殘高約 4 公尺，有馬面 2 個。2005 年，政府對古城牆進行全面維修，按今所存城牆規格、式樣恢復東段約 50 公尺青磚外簷牆和 2 個馬面。維修後的城牆共長 112 公尺，高約 12 公尺。這段古城牆是南寧市至今唯一保存下來的古代城牆。

蘇緘殉難處

蘇緘殉難處位於南寧市興寧路，為南寧市文物保護單位。明朝，為紀念蘇緘，百姓在此建蘇忠勇祠，後改稱府城隍廟。北宋熙寧八年（1075 年），交趾郡主李乾德率兵 10 萬入侵廣西、廣東，圍攻邕州城。邕州知州蘇緘與全城 15 萬軍民拼死抗敵。

次年 2 月 28 日，邕州城陷，蘇緘帶領全家 36 人在州署衙門舉火自焚，悲壯殉國。

蘇緘殉難處

新會書院

新會書院位於南寧市解放路 42 號，為廣西壯族自治區文物保護單位。新會書院由旅居南寧的廣東新會籍人士集資興建，作為商會及同鄉聚會活動的場所。始建於清乾隆初年，道光二十三年（1843 年）重修。1987 年南寧市人民政府撥款進行維修，2002 年文物部門再次對該建築進行全面維修。新會書院是南寧市迄今保存最完整、規模最大的古建築。

粵東會館

粵東會館位於南寧市西鄉塘區壯志路 22 號，為南寧市文物保護單位。始建於清乾隆年間，是當時旅居南寧的廣東商人集資興建的。現保留原來的前進門樓及兩側耳房。粵東會館門樓

坐北朝南，為硬山頂磚木結構，占地面積 402 平方公尺，青磚砌牆，琉璃雕塑正脊，樑下內外牆體上繪有精美壁畫，樑架鏤雕歷史人物故事，工藝精湛。1997 年南寧市人民政府對其進行全面維修，整體上恢復了該門樓原貌。

· 新會書院

· 粵東會館

黃家大院

　　黃家大院位於西鄉塘區中堯路東三路 88 號，為南寧市文物保護單位。始建於清康熙十年（1671 年）。黃氏家族傳至今為第十四代，此建築規模為第五、六代所建。建築群坐北朝南，共 33 棟，分 5 列 8 排佈置，大小共 118 間房，占地面積 3000多平方公尺，是南寧市目前保存完好、規模較大，具有南方傳統特色的民居建築。

· 黃氏家族民居——黃家大院（組圖）

鎮寧炮臺

　　鎮甯炮臺位於南寧市人民公園望仙坡西南，為廣西壯族自治區文物保護單位。1917 年 9 月，由兩廣巡閱使陸榮廷所建，安放有 19 世紀德國「克虜伯」加農炮一門，是南寧市現存最完整、最古老的炮臺。

· 鎮寧炮臺

供稿：李桐、黃啟洲

柳州古城

LIUZHOU GUCHENG

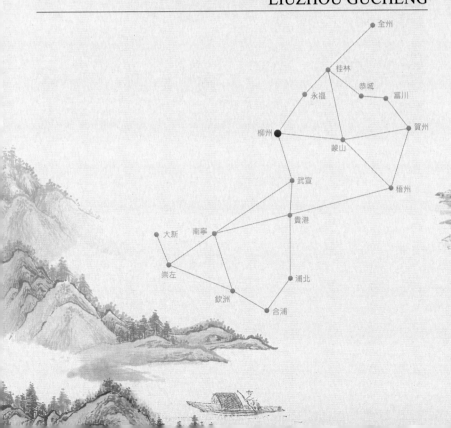

全州

桂林

恭城

冨川

永福

賀州

柳州

蒙山

武宣

梧州

貴港

大新

南寧

浦北

崇左

欽州

合浦

　　柳州城是西漢元鼎六年（前 111 年）時在廣西設的十二個縣之一，名曰「潭中縣」。柳州從漢代設縣至今已有 2100 多年歷史，縣址最早在柳江之南駕鶴山間（面積無考），為現在的魚峰轄區境內。

· 古城東門

　　柳州這個名稱是從唐貞觀八年（634 年）開始有的，《元和郡縣圖志》記：「貞觀八年改為柳州，因柳江為名。」

　　柳州因其悠久的歷史而有許多名人、名事記載於冊，其中古城牆和唐代大文豪柳宗元是柳州人的驕傲。

· 「白蓮洞人」復原像

中國著名人類學家裴文中、賈蘭坡等 1956 年在
廣西調查人類化石時，在柳州發現了白蓮洞古文
化遺址。該遺址跨越了舊石器和新石器時代，時
間跨度距今 37000—7000 年，也就是說，原始人
在白蓮洞生活了 3 萬年左右。數萬年的文化積澱，
白蓮洞遺址成為研究華南古人類的寶庫，2006 年
被定為中國重點文物保護單位。

古城牆

　　唐貞觀八年（634 年）前後始在柳
江北岸建城。《彥周詩話》記載：「柳子
厚守柳州日，築龍城，得白石……」清《馬平縣誌》記：「縣城
附郡郭，唐宋時俱系土城，至元祐間知柳州畢君卿重築在江北
舊州。」

　　從唐代在此建城之後，就再也沒有擇地建城。

　　從北宋元祐年間重築城到南宋咸淳元年（1265 年），為避
戰亂，柳州治所一度遷往柳城龍江之北，同年徙於江南。明初
柳州為府，治所從柳城遷回柳江北岸原址（今城中轄區）。

　　明代，柳州為柳州府，始領象州、賓州 2 州和馬平、洛容、
羅城、柳城、融縣、懷遠、來賓、上林、遷江和武宣等 10 縣。
清《馬平縣誌》記載，明洪武四年（1371 年），縣丞唐叔達對原

來的土城基進行修築。洪武十二年（1379年），柳州衛指揮蘇銓等拓之，改土城為磚城，東西三里（約936公尺），南北二里（約624公尺），高在一丈八尺（約5.6公尺），厚二丈六尺（約8.1公尺），周圍七百四十八丈（約2330公尺），窩鋪四十五間，垛口九百三十七個，有東門、鎮南門、靖南門、西門和北門共五座門。竣工後，東門上嵌有洪武十四年（1381年）石刻一方。

柳州在明代為軍事重鎮，明太祖朱元璋為柳州作有《詠柳州城戍守》詩一首：

城居邊徼壘遐荒，

煙瘴盈眸癘氣茫。

日暮海風搖屋樹，

春秋溪水泛籬牆。

思軍久戍炎蒸地，

念將巡防熱中腸。

但願昊穹舒造化，

洗清鬱結利南鄉。

柳州城是「故環江而城，阻水為固，唯北無山谷之險」。明嘉靖二十四年（1545年）為加強柳州城北面的防禦，兩廣總督張岳在城北面築了一道外城郭（現已無存），「起西環北東，首尾皆際江，長五百九十丈，高一丈四尺，為門三，東曰賓曦，正北曰拱辰，西曰照臨」。史載原拱辰門上築有高樓，賓曦、照

臨門上建有平房各三間，城郭中設敵臺十個，還設有戍軍三營。

　　1992 年，在申報柳州為全國歷史文化名城時，經測繪，古城面積約為 857.4 畝，合 0.572 平方公里，周長為 3.02 公里。

· 曙光路明清古城牆

　　東門賓曦門城樓為重簷歇山頂式，始建時為磚木結構，清光緒年間重建。面闊五間（16.44 公尺），進深四間（10.41 公尺），總面積 171.14 平方公尺。西段至北段零星古城基還有幾百公尺。連接東門的城牆長 79.30 公尺，高 4.63 公尺，城門洞口處的城牆頂寬 11.08 公尺，基寬 11.52 公尺。

柳侯公園

　　柳宗元，字子厚，河東解（今山西運城市西南）人，唐代文學家、哲學家。由於參加了以王叔文為首的政治改革集團，在革新失敗後，被貶為永州司馬。十年後奉詔回京，再次被貶。唐元和十年（815 年），柳宗元被貶柳州任刺史。儘管遭遇坎坷，但這位正直的大文豪仍非常關心百姓的疾苦。他在柳州僅四年，就做了釋放奴婢、修建城郭、修復孔廟、種柑種竹、移風易俗等幾件大事，給當時柳州的政治、文化、農業生產帶來了很大的變化。

· 柳侯祠

· 柳侯公園羅池

· 柳宗元衣冠墓

唐元和十四年（819年），柳宗元在柳州病逝。人們將他的靈柩停在羅池（今柳侯公園）內。後來其靈柩被運回長安，柳州人為了紀念他，在原停靈柩處修了衣冠墓和羅池廟（後改柳侯祠）。祠中柳宗元石刻像已有700年歷史。《柳州羅池廟碑》為唐代大文豪韓愈作文，後由宋代大文豪蘇軾書寫。這方碑集「韓文、柳事、蘇書」為一體，史稱「三絕碑」。該碑鑲嵌在柳侯祠中殿，為國家一級文物，鎮祠之寶。

· 三絕碑

供稿：劉文

50

梧州古城
WUZHOU GUCHENG

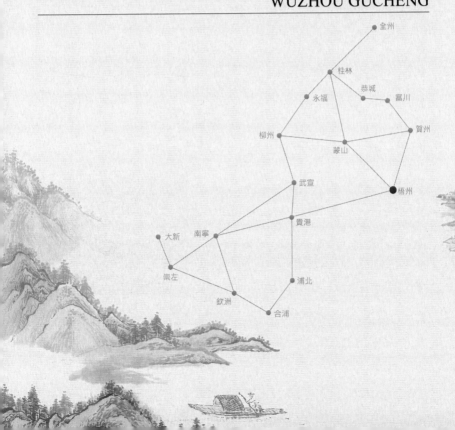

全州

桂林

恭城

富川

永福

賀州

柳州

蒙山

武宣

梧州

貴港

大新

南寧

崇左

浦北

欽洲

合浦

梧州位於廣西壯族自治區東部,地處西江、桂江、潯江三江交匯處,北回歸線經市區南面穿過。現轄萬秀區、長洲區、龍圩區、蒼梧縣、藤縣、蒙山縣,代管岑溪市。

　　梧州市歷史悠久,是一座嶺南古城。夏、商、周時期,梧州屬百越之地。秦朝,梧州市屬桂林郡。西漢高後五年(前 183 年),趙佗封族弟趙光為蒼梧王,建蒼梧王城,此為梧州建城之始。西漢元鼎六年(前 111 年),漢武帝平定南越國,在嶺南地區設南海、蒼梧、郁林、合浦、交趾、九真、日南、珠崖、儋耳等九郡,在蒼梧郡(今梧州)設廣信縣,蒼梧郡治廣信,即今梧州。西漢元封五年(前 106 年),交趾刺史部移治廣信縣。三國,梧州市初屬交州,後屬廣州,為蒼梧郡,治廣信。西晉,梧州市屬廣州蒼梧郡,為蒼梧郡及廣信縣治。西漢元封五年(前 106 年)至西晉年間,梧州已成為嶺南地區的政治、

· 方格紋陶釜

西漢(前 206—西元 25 年)。通高 19.5 公分,口徑 24 公分,腹徑 27 公分。1964 年於廣西梧州市富民坊窯址出土,廣西壯族自治區博物館藏。厚胎夾粗砂,胎質堅硬,火候較高。侈口,束頸,鼓腹,圜底,頸以下飾方格紋。

· 晨鐘亭

位於梧州市北山公園內。亭內原有一口銅鐘鑄
於五代十國時期，距今已有 1000 多年歷史。
銅鐘呈垂鐸形，獸首，高 120 公分，口徑 56.7
公分，重 250 公斤，鐘上飾花紋及銘文。銅鐘
原置於雲蓋山感報寺內，1931 年，銅鐘移至中
山公園晨鐘亭，為梧州市民報時所用，現古鐘
保存在梧州市博物館內。

經濟、文化和交通的中
心。南北朝，梧州市先
後屬廣州、成州，為廣
信縣治。隋朝，梧州市
先後屬成州、封州、廣
州蒼梧郡，為蒼梧郡及
蒼梧縣治。隋開皇三年
（583 年），廣信縣改稱

蒼梧縣。唐朝，梧州市屬嶺南西道梧州，為州治。唐武德四年
（621 年），蒼梧設州，稱梧州，此為梧州得名之始。

· 梧州粵東會館

· 梧州騎樓街

古城牆

西漢高後五年（前 183 年），趙佗族弟趙光被封為蒼梧王，隨後，在今梧州市區修建蒼梧王城，此為梧州建城之始。王城城牆順山形地勢土築石壘，以木柵欄為城門。北宋開寶六年（973 年），梧州城始用青磚砌城牆。清同治年間《梧州府志》載，時「開四門，周二里一百四十步，高一丈五尺」。北宋皇祐四年（1052 年），儂智高起兵，梧州城毀。至和二年（1055 年），梧州城展築，「周長三千二百三十七丈，開四門」。

明洪武十二年（1379 年），梧州城「複展八百六十丈，開五門，東門曰正東，西門曰西江又名阜安，北曰大雲，南曰南薰，西南曰德政」，東、西、南三面皆有壕溝環繞，北面為山。正統十年（1445 年），寇毀城。正統十一年（1446 年），重修。景泰三年（1452 年），寇毀城。天順七年（1463 年），大藤縣瑤民陷城。天順八年（1464 年），重修。成化二年（1466 年），城牆「增高一丈，造串樓五百六十九間，城下設窩鋪三十六間，浚壕深三丈，闊一丈五尺，內外皆有樹木柵，長三千三百五十丈」。成化四年（1468 年），東、南、北三門建甕城。萬曆四十六年（1618 年），西門添設甕城。清代，城牆不斷修繕。同治年間，「城牆高二丈五尺，周圍八百六十丈，垛口一千零七十五」。民國十三年（1924 年），梧州拆城牆建馬路，城

牆消失。

現梧州市內有白鶴觀、龍母廟等古建築，見證著梧州悠久的歷史。

· 白鶴觀

白鶴觀

白鶴觀位於梧州市萬秀區鴛江路 1 號珠山東麓。始建於唐代開元年間。觀址占地面積 3000 平方公尺，坐西向東，包括牌坊、院落、主殿和兩個側殿。現存白鶴觀僅主殿為清代建築，硬山頂「人」字形山牆，穿斗式樑架，有吻獸、脊獸裝飾，琉璃

57

瓦面。主殿兩側及簷下均有壁畫，殿前有臺階，觀前有民國時期修建的「山光水秀」牌坊。白鶴觀為梧州市僅存的唐代道觀建築，現為廣西壯族自治區文物保護單位。

龍母廟

龍母廟位於梧州市萬秀區桂林路75號，依山而建，面向桂江。始建於北宋，是一座專門紀念春秋戰國時期蒼梧部族首領「龍母」的建築物。明清及20世紀80年代進行過修繕。

· 龍母聖像

· 龍母廟

中山紀念堂

中山紀念堂位於梧州市萬秀區中山公園山頂，於 1930 年 10 月建成，是全國最早建成的中山紀念堂，具有中國古典宮殿式與西洋教堂式相結合的建築藝術風格。占地面積 1630 平方公尺，建築面積 1330.59 平方公尺，整座建築坐北向南。主樓高兩層：一層由正門、東西廂房、正廳、禮堂、後座組成，層由放映室東西邊房、樓座組成。主樓正中置圓形樓塔，高兩層，塔座呈方形，塔頂為尖圓形。主樓前門額上書「中山紀念堂」，為當時廣東省省長陳濟棠所題。2006 年中山紀念堂被定為中國重點文物保護單位。

· 中山紀念堂

供稿：李乃賢

59

梧州古城

太平府故城
TAIPING FU GUCHENG

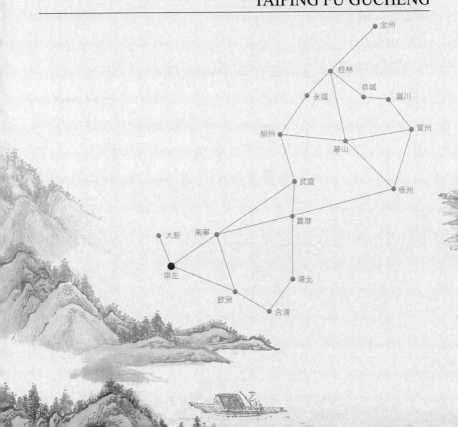

全州

桂林

永福　　恭城　　富川

柳州　　　　　　　　　賀州

蒙山

武宣

貴港　　　　　梧州

大新　南寧

崇左　　　　浦北

欽州

合浦

　　太平府故城又名太平府古城、太平府古城池、太平府古城垣，為明代府城建築，明代至清代太平府治所。位於廣西壯族自治區崇左市江州區太平街道中山社區，現屬江州區太平街道辦事處管轄。2000 年廣西壯族自治區人民政府公佈其為自治區文物保護單位。文物古跡主要有古城牆、古城門、古石板街和通左江的古碼頭，是迄今廣西保存較為完整的明代府治石城，歷史悠久，風光綺麗。

　　崇左在先秦時是百越西原儂峒、黃峒的境地。秦始皇三十三年（前 214 年），置象郡與臨塵縣，郡縣舊治今屬崇左市江州區。臨塵是秦在今廣西境內設置的四個古縣之一。漢朝時為臨塵縣，屬郁林郡。三國時郁林屬吳。東晉時，從郁林郡分出晉興郡，左江地區屬晉興郡，沿襲了南朝宋、齊、梁、陳四個朝代。唐朝時設太平羈縻州，屬於邕州管轄。到唐末時設置左州。北宋皇祐五年（1053 年）設崇善縣。

　　元至元二十九年（1292 年）改太平寨置太平路，治所在太平古鎮（今崇左市江州區太平街道）。明洪武二年（1369 年）改太平路置太平府，轄境大體為今崇左市行政區域，治所曾遷馱盧團（今崇左市江州區馱盧鎮）。洪武三年（1370 年），通判劉東高將太平府治所從馱盧團遷回太平古鎮。

　　太平府故城位於左江中游，地跨左江南北岸，左江從西南入境，往北而南迂環左江北岸半島，再繞向東北而流去。古人

· 崇左歸龍塔（又名鎮龍塔、水寶塔、左江斜塔）

位於崇左市區東北方 5 公里的左江江心鼇魚夾山上，建於明天啟元年（1621年）。原為三層空心磚塔，塔底直徑 6.89 公尺，塔心直徑 1.50 公尺，塔總高 17.60 公尺，呈八角形。塔基為巨大的長方形石料砌成，塔身用磚砌成，塔頂為圓球形鐵製塔刹。在塔的第一層東北面砌磚 45 塊，高 2.59 公尺，西南面砌磚 37 塊，高 2.36 公尺，高差 0.23 公尺，塔身向西南傾斜。這是古代工匠們在建造時有意使塔身方向迎水傾斜。1990 年觀測，從塔頂到塔底幾何中心偏移 1.42 公尺，南偏西傾斜角度為 4° 36′ 46″，與世界上一些斜塔因重心位移或地基下沉造成的傾斜完全不同，顯示了我國古代建築工藝的精湛與高超。

太平府故城

在江北半島上建城，有「麗水四折，環其三面，其形若壺，故名壺城」之說。歷代各族人民在此繁衍生息，與時俱進，奮發圖強，使太平府故城（壺城）逐漸從江北向江南發展成為現在的崇左市區，所以「壺城」已成為崇左市的別稱。

明洪武五年（1372 年），太平府知府委任千戶程良督屯軍建太平府城垣。時築土城牆高 6.99 公尺，厚 4.99 公尺，周長 2137.86 公尺。分為外城和內城，外城和內城的城牆高、厚相同。外城弧長約 70 公尺，設於太平府所在地北面，連接江北半島兩頭，城址從壺關西邊左江岸呈弧狀延伸至今廣西崇左東亞糖業有限公司北面左江邊，形如壺口，故名壺關，原設有城樓。內城從東起沿左江東、南、西岸築城垣，呈弧狀往北延伸至今太平街道西角，過崇左汽車總站舊址往東又過今崇左高中至新慶街環圍而成。內城置城門五個，東為長春門，南為鎮安門，西為安遠門和鎮邊門，北為拱辰門，城門間分別設置敵樓十座。

明永樂六年（1408 年），左江洪水暴漲，內城牆被淹塌約 1333 公尺。洪水過後，征各州民助修，在土城兩側壘砌石或磚。隆慶五年（1571 年）又對其進行較大的修葺。明末至清代，均有不同程度的修葺。民國元年（1912 年）進行大修，將長春門改稱為朝陽門。民國二年（1913 年）太平府撤治後，城牆失修，逐年坍塌。民國二十五年（1936 年），城裡的祠廟、亭堂、

· 崇左太平府故城城牆

寺院大部分被拆除，取料來建圩亭、學校。

　　城內古老的建築逐漸被現代建築所取代，城牆周圍和城牆之上也建了民居。中華人民共和國成立後特別是改革開放後多次維修。現存朝陽門（東門）、安遠門（小西門）、鎮邊門（大西門）以及城牆 1360 公尺。城牆兩側用磚、方整石壘築或砌築，內夯泥土。城牆高 4.65 公尺，總厚度 5 ～ 15 公尺。朝陽門用城磚壘砌，門高 3.3 ～ 3.8 公尺，寬 3.2 ～ 3.9 公尺，深 15.4 公尺；鎮邊門用方整石壘築，高 2.7 ～ 4.0 公尺，寬 2.7 ～ 3.4 公尺，深 11.8 公尺；安遠門用方整石壘築，高 2.7 ～ 3.0 公尺，寬 2.7 ～ 3.0 公尺，深 12 公尺。現有的古城牆、古城門依然堅固，中山街數百公尺的古石板道路比較完整。

·古石板街道

· 朝陽門

· 壺興街孝心亭

　太平府故城的其他文物古跡，主要有位於崇左高中校園內的廣西壯族自治區文物保護單位明代黌學舊址，位於太平街道新慶街南段左江濱的崇左市文物保護單位麗江公園舊址。

· 明代學學後殿右側房

· 麗江公園千年壽碑

· 古碼頭

供稿：譚先進、黃瑜瑩、黃啟洲

貴城遺址
GUICHENG YIZHI

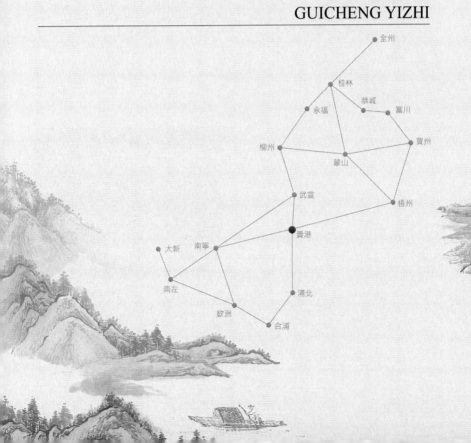

全州

桂林

恭城

富川

永福

賀州

柳州

蒙山

武宣

梧州

貴港

大新　南寧

崇左

浦北

欽洲

合浦

貴城遺址

　　貴城遺址，位於廣西壯族自治區貴港市港北區貴城鎮街道辦轄區內，南臨郁江，北至建設路，東至達開路，西達西門橋。它南隔郁江與南江村相望，東北約 300 公尺為東湖，北約 1000 公尺為貴港火車站和高鐵站，西約 600 公尺為鯉魚江。城址東西長約 1000 公尺，南北寬約 260 公尺，總面積約 26 萬平方公尺。

　　貴港歷史悠久，秦始皇三十三年（前 214 年）設桂林郡，郡治布山（今貴港市）。秦末，桂林郡更名鬱州。西漢元鼎六年（前 111 年）布山縣屬郁林郡。據鐘文典主編的《廣西通史》所述，布山縣是沿襲了南越時期的舊縣，而南越時期的布山縣又是沿襲了秦時的舊縣而來。隋開皇十年（590 年）南定州改為尹

· 羽人划船紋銅鼓

西漢（前 206—西元 25 年）。高 36.8 公分，面徑 6.4 公分，足徑 67.4 公分。1976 年於廣西貴縣（今貴港）羅泊灣 1 號墓出土。廣西壯族自治區博物館藏。鼓面中心為太陽紋，主暈為銜魚翔鷺紋。鼓身飾鋸齒紋、圓圈紋、羽人划船紋和羽人舞蹈紋。鼓胸為六組羽人划船紋。鼓腰飾八組羽人舞蹈紋。足部一側臥刻篆文「百廿斤」。銅鼓實測重 30.75 公斤。其形制、紋飾題材和佈局皆為雲南石寨山型。

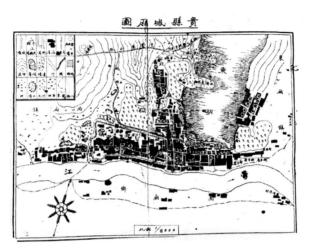

· 民國二十三年（1934 年）版《貴縣誌》中的貴縣城廂圖

州，布山縣屬尹州。大業二年（606 年）布山、龍山、武平、懷澤四地並稱郁林縣。

　　唐設南尹州總管府，後改南尹州為貴州，以境內北部天平山古名宜貴山的「貴」命名。明洪武二年（1369 年）降貴州為貴縣，乃貴縣名之始，屬潯州府。1988 年 12 月撤貴縣，設立縣級貴港市，屬玉林地區。1995 年 10 月升級為地級貴港市。

古城遺址

　　據民國版《貴縣誌》記載，貴城古城遺址始建於唐代元和年間，歷經宋、元、明、清和民國。它坐北朝南，前臨郁江，

設有東門、西門、大南門、北門、小南門五門。今城內唯存大南門與部分城牆，城樓已毀。該城初為土城，元至正十二年（1352年）以石修建，明萬曆三十一年（1603年）加磚增高，清康熙二十五年（1686年）和光緒七年（1881年）先後兩次重修，今城牆磚上有銘文「光緒七年重修」，故今存城牆建築體為光緒七年（1881年）重修遺物。1985年貴縣人民政府將大南門與城牆列為縣級文物保護單位予以保護。城牆在歷史上屢經修拆，民國年間拆東門城牆擴建街道，於1939年建成達開路。城址內現存古建築主要有大南門及其城牆、天主教堂、桂花井等。城址外東約60公尺為1928年6月召開的中共廣西省第一次代表大會舊址，又東約300公尺為建於清道光年間的節孝牌坊。

　　大南門與城牆，殘長28.7公尺，寬8.7公尺，殘高6公尺。城門為單孔券狀石拱門，拱門高3.4公尺，寬2.7公尺，磚石混砌。第三次全國文物普查調查發現，該城牆由大南門向西延伸約600公尺，直達小南門的民宅基礎之下。部分殘存城牆可見高度為1.3～2.3公尺，寬約6.2公尺，為條石砌築或磚石混砌。向東可見殘存古城牆長約100公尺，可見高度6.0～1.4公尺，東西兩段殘存古城牆文化內涵同屬一個整體。大部分城牆被城中居民作為宅基建房於其上，或作鋪路用。據南江村村民所述，村中的驛道所用的青火磚，就是在「文化大革命」時期拆貴城遺址古城牆磚去鋪築的，今尚存。

· 清光緒七年 (1881 年) 建造的大南門

貴城遺址

　　2008 年 6—10 月和 2011 年 7—9 月，廣西文化廳組織廣西考古研究所和貴港市博物館先後兩次對貴城遺址進行搶救性考古發掘，發掘面積約 2500 平方公尺，發掘出土文物標本 1500 多件，一般文物 1 萬餘件，主要是自漢代到民國各不同歷史時期的文化層遺跡遺物。遺跡主要包括城牆、磚鋪地面、水井、排水設施、礩礅、壕溝、柱孔、橋樁等。遺物主要為漢代方格紋陶罐陶片、繩紋板筒瓦片、雲紋瓦當、漢代五銖錢、漢篆書「萬歲」銘文雲紋瓦當、漢篆書「零陵郡三年」、「零陵郡十年」銘文筒瓦、宋戳印「窯務官立」銘文板瓦、行書「天聖元年」銘文板瓦、側面印有「大」、「宣」字樣或「X」、「II」等符號的火磚。

　　瓦當上的圖案古樸、簡潔、精美，紋飾以獸面紋、蓮瓣紋、雲紋為主。瓷器有宋代龍泉瓷器殘片，紋飾以暗花、劃花為主。建築構件有陶龍首、條磚、城牆磚等。從發掘的現場遺跡遺物看，這是一處歷時

　　長、規模大、等級高的古城遺址，尤其是部分出土器物上的銘文紀年，彌足珍貴，其意義尤為深遠，它們有力地證明了貴港歷史底蘊豐厚，是一座擁有 2000 多年不間斷悠久歷史的古郡新城。貴城遺址的考古發掘也是迄今為止廣西考古史上首例進行的古代城市考古。

節孝牌坊

　　節孝牌坊位於貴城鎮永明街石灰巷內。清光緒年間《貴縣誌》載:「節孝坊在縣東門外江邊,旌表郭氏生員林中桂妻、舉人繁峙縣知縣林儲賢之母。道光十年巡撫蘇成額具奏奉旨建立。」該牌坊大理石質,平面呈「一」字形,三間四柱門樓式,由柱、額枋、額板等多個大小不一的構件入榫拼接而成。牌坊高 11.5 公尺,寬 8 公尺,全部採用花崗岩細鑿精刻而成。頂部石板正中有石葫蘆,葫蘆旁置倒立對稱的鼇魚兩條,鼇魚外邊設臥獅一對相伴。石板下正中嵌石一塊,高 36 公分,寬 17 公分。

· 清道光十年(1830 年)建立的節孝牌坊

正背面雕浮龍，內刻有楷書「聖旨」二字，字徑 20 公分。「聖旨」外左右各置兩個石雕人物，一高一矮。在東西最外側的柱頂上，各立有一隻石獅，兩兩相對。石獅身長 0.8 公尺，連座高 1.4 公尺。坊的中部刻有字，正背面基本相同。正中是「龍章寵錫」，右是「誥命」，左是「文魁」，均為楷書，字徑 30 公分。全坊有柱 10 條，各呈方形，底座各砌有方石礅。礅長 1 公尺，寬 0.6 公尺，高 3 公尺。節孝牌坊的建造工藝精湛，是研究貴港市乃至廣西清代石牌坊營造技術、書法藝術和古代封建社會禮教制度不可多得的重要實物。

· 南山寺

位於貴港城區東南約 3000 公尺的南山公園，始建於北宋端拱二年（989 年），是廣西現存較古老的佛寺之一。其寺有四大特點：一是有千年宋代大鐵鐘，二是有千年不長的不老松，三是有 300 年的菩提樹，四是與歷代帝王結下的不解之緣。

· 南山寺宋代鐵鐘

鐵鐘鑄於北宋天聖三年（1025 年），高 1.8 公尺，口徑 1.2 公尺，重 1000 多公斤。擊時山鳴谷應，聲震十里，歷經千年風雨基本完好，為全國十大名鐘之一。

供稿：馮桂淳、鄭超雄

貴城遺址

廉州古城
LIANZHOU GUCHENG

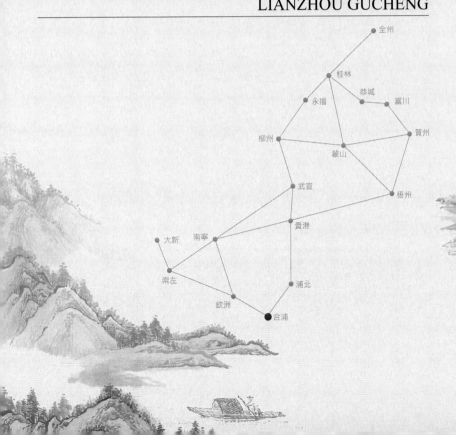

全州

桂林

永福　恭城　富川

賀州

柳州　蒙山

武宣　梧州

貴港

大新　南寧

崇左　浦北

欽洲

合浦

廉州古城

　　廉州古城，位於廣西壯族自治區北海市合浦縣城廉州鎮，在縣境西南部，地處南流江沖積平原的東南邊緣，距南海十餘公里，城外東北至東南環繞丘陵臺地，屬亞熱帶海洋性氣候。

　　古城為駱越舊地，秦屬象郡，漢初已是通江達海的交通要衝。漢武帝從水路攻嶺南，統帥路博多到合浦，南越王下令掌管交趾、九真郡的使者送牛、酒、二郡戶口名簿來降路將軍。平南越後，西漢元鼎六年（前 111 年），始設合浦郡。「合浦」載於史，謂江河彙集入海之處，歷兩漢、三國、兩晉，郡治為古北部灣政治經濟文化中心、「海上絲綢之路」始發港。

　　漢、晉時期合浦郡城與廉州古城同地。
州。越州及唐時廉州城址均在浦北縣。合浦故址仍以港口海門鎮聞名，為出海門戶，晚唐屬嶺南西道，安南都護高駢治兵於海門。南漢於海門鎮設媚川都，轄兵八千採珠，合浦珍珠素為朝貢瑰寶。

　　北宋，廣南西路轄廉州，治所回遷海門。廉州現址於北宋元祐年間創於西門江岸「河道通海」之處，城牆土築，元、明沿襲，駐有市舶司、市舶太監、採珠太監、海北道等，是我國與越南貿易的口岸。

　　明以後廣東轄廉州。洪武三年（1370 年）增築土城，建府署，即漢合浦郡舊址，管治今北海、欽州、防城港三市地界。後城池東擴，宣德年間，廉州衛指揮首次以城磚包砌土夯城

· 羽紋銅鳳燈

西漢（前 206—西元 25 年）。通高 33 公分，長 42 公分，寬 15 公分。1971 年於廣西合浦縣望牛嶺 1 號墓出土，廣西壯族自治區博物館藏。

燈作鳳鳥形，顧首回望，雙足分立，尾羽下垂及地。足與尾形成鼎立之勢以支撐燈身。頭、冠、頸、翅、尾、足各部位輪廓清晰，比例勻稱。通體細刻羽毛，精緻美觀。鳳鳥背部有一圓孔，用以放置長柄燈盞。鳳鳥口內銜喇叭形燈罩，垂直對準燈盞蠟錐柱上方。鳳鳥頸部由兩段套管銜接，可以自由轉動和拆卸，便於調節燈光和沖洗體內煙塵。燈罩與頸部及腹腔相通，腹腔中空，可以貯水。當燈盞中的蠟燭點燃時，煙灰經燈罩進入頸管，再由頸管導入腹腔，最後溶於水中。這種設計構思精巧，造型優美，既可用於照明，又可防止燭煙污染空氣，保持室內的清潔衛生。它是廣西地區出土的西漢銅器中的精品。

南朝廢郡，改立越州，治所北移。唐貞觀八年（634 年），因境內有大廉山，故將越州改稱廉

垣。成化初年，延長加深城壕。成化七年（1471 年），海北道僉事林錦從東、南、北拓寬城池，加高城牆，增築城樓，奠定「城垣周圍八百零二丈，高三丈二尺，厚一丈五尺，外壕周長一千零五十一丈，闊二丈五尺，深六七尺，門樓四」的規模，後世歷經水災、暴風雨、戰亂，城池數度坍塌，皆按此重修。

清乾隆時開文明門，知府康基田疏浚城內壕渠「長六百九十五丈，闊二丈餘，深一丈余」，形成東坡塘等城中湖，築暗溝明渠引城中積水從下水道入護城河，流去西門江。

· 城牆遺址

清末，城區已擴展出城牆外，西岸的阜民南、北路，惠愛橋頭至城內中山路連片成繁華街市。民國初，該街市擴寬為水

泥路面，建沿街騎樓群，現為廉州歷史文化街區，是中國歷史文化名城北海的主要組成部分。

· 惠愛橋

　　1938年，恐侵華日機濫炸，撬去廉州城牆磚。至1958年，夯土牆與門樓被拆光作街道，建城基東、西路，上街，西華路和解放路。1965年至今，合浦屬廣西。此後，新城區擴張，舊城區漸為高樓林立掩映。

　　古城內外，文物保護單位眾多。全國重點文物保護單位有漢代草鞋村窯場遺址、合浦漢墓群和惠愛橋。其中合浦漢墓群有上千漢墓環繞城外臺地，因城建發掘出土了大批文物。

· 海角亭

· 文昌塔（文鋒塔）

位於廉州鎮南面。據《合浦縣誌》記載，文昌塔始建於明萬曆四十一年（1613
年）。塔為八角形七層磚塔，總高 37 公尺。300 多年歷經五次修葺，最近兩
次為 1959 年和 1985 年，至今風貌依舊。

· 今合浦體育場為明清時期廉州府署舊址，門前一對石獅為清代所造

　　自治區文物保護單位有海角亭、明代文昌塔、清代東坡亭（井）和武聖宮。北宋時海角亭被立作「海角天涯」地標，清代重建，乃成語典故「合浦珠還」憑弔處、蘇軾「萬里瞻天」處。亭內元、明、清碑刻集古北部灣史地人文之精粹。

　　明清廉州府衙門的廉泉井與石獅子，反映了該衙門為古城池的威權中心。周圍是府學孔廟、縣學大成殿、白石場鹽務公署、海門書院講堂、魁星樓、天妃廟、廣州會館大門、太邱書院、保子庵，以及古井、社廟等。北部灣名剎東山寺在城外東北，宋時創建，清時重建。南門外，有清末德國粵南信義會所建的教堂。

近現代文物有辛亥革命烈士墓、縣立中山圖書館、槐園等。

· 明清時期廉州府舊址內廉泉井及清代知府題字井碑

· 東坡井

· 清代廉州武聖宮

· 魁星樓

· 明清廉州府學孔廟，門前石柱為清
代崇聖祠石雕龍柱

· 東坡亭

· 海門書院舊址

　　廉州素為北部灣美食之都。其民間藝術角雕、「老楊公」、
「耍花樓」等為廣西非物質文化遺產。

　　兩千餘年的廉州古城，現為北部灣經濟圈的交通樞紐和新
興工業區，煥發著勃勃生機。

· 清代至民國的白石場鹽務公署舊址

供稿：陸露、曾廣楷、黃啟洲

欽州古城
QINZHOU GUCHENG

全州

桂林

恭城 富川

永福

賀州

柳州

蒙山

武宣

梧州

貴港

大新 南寧

崇左 浦北

欽洲

合浦

欽州古城位於今廣西壯族自治區欽州市城區（欽州鎮）中部。欽州地處廣西壯族自治區南部沿海中段，北部灣北岸頂端，現轄 2 縣 2 區（靈山縣、浦北縣和欽南區、欽北區）。

　　秦朝時，欽州地域隸屬象郡，漢朝至晉朝屬合浦郡地。南朝宋元嘉二十二年（445 年），在欽州境地設置宋壽郡及宋壽縣，這是欽州境地建制的開始。梁代在宋壽郡下設置安州。隋開皇十八年（598 年）安州改為欽州，大業三年（607 年）改為寧越郡。唐武德五年（622 年）寧越郡改為欽州，繼而又複改為寧越郡，後恢復為欽州。元、明、清欽州行政級別雖幾經變化，但「欽州」兩字一直未變。民國年間欽州改為欽縣，屬廣東省。中華人民共和國成立後，欽州於 1965 年再次隸屬廣西壯族自治區，稱欽州縣，1983 年改為欽州市（縣級市），1994 年升為地級市。

　　欽州古城有三座主要的故城遺址，一是古城角遺址，二是欽江縣故城遺址，三是欽州故城遺址。

古城角遺址

　　欽州最早的古城是南朝宋元嘉二十二年（445 年）分合浦郡合浦縣以西之地所置的宋壽郡及宋壽縣，這是今欽州市建制之始。該城址位於欽州市境中部平吉鎮古城角村，南距安州故城

遺址約 3 公里，西南距欽州城區 20 公里。城內有游、郭、顏三姓人居住，呈「品」字形佈局，統稱古城角村。南北城垣已無痕跡，東西城垣輪廓尚存。古城略呈長方形，南北寬約 120 公尺，東西長約 160 公尺，總面積 1.92 萬平方公尺。城垣為夯土牆，殘高 1.5～2 公尺，殘寬 5～8 公尺，部分城壕殘寬 8 公尺。在這裡設縣治所共 500 餘年。1984 年，欽州市（縣級）人民政府將其定名為「古城角遺址」，並公佈其為縣級文物保護單位。

· 欽江縣故城城牆頂部

欽江縣故城遺址

欽江縣故城遺址遺址在欽州市境中部久隆鎮上東壩村北 200 公尺處，距欽州城區 18 公里。該遺址南北走向，略呈正方形，

邊長約 170 公尺，總面積 2.89 萬平方公尺。城址內外早已改作坡田，但整座城垣保存尚較完好，其中塌陷 5 處，總長 20 公尺。城垣殘牆高 3～6 公尺，底寬 6～20 公尺，頂寬 2～4 公尺。城牆以版築法分層夯築而成，每層厚 10～12 公分，橫剖面呈梯形。城內地面高出外面地表 2～3 公尺，有南、北兩座城門，城垣四角有譙樓遺跡。城外腳下南、西、北三面有城壕，寬約 10 公尺，深約 3 公尺。城東無城壕痕跡，但地勢較低，且接近欽江。該遺址為廣西壯族自治區文物保護單位。

· 天涯亭上的牌匾

· 天涯亭

天涯亭位於欽州市欽州鎮人民公園內。建於宋朝。因「欽地南臨大洋，西接交趾，去京師萬里，故以天涯名……」。其後，曾三易其址。最後一次是1934年，遷於南湖與西湖之間的龍墩上。亭高5公尺多，寬4公尺，為六角亭。亭內石柱為宋朝遺物，故稱「宋跡三遷，古風猶存」，為欽州市文物保護單位。

欽州故城遺址

欽州故城遺址在今欽州鎮中部，南北走向，呈垂直橢圓形，大青磚砌成。城周長約 2000 公尺，高 7.3 公尺，基厚 6.6 公尺，總面積約 25 萬平方公尺。城堞較特殊，呈尖牙形，俗稱「狗牙城」。城門有三座（北向有樓無門），門外均有甕城。週邊四周有城壕，寬約 90 公尺，深 2～3 公尺。

· 欽州古城牆

北宋嘉祐八年（1063年），知州陶弼於壕中築堤貯水，把城壕分割為五大塊，稱為東、南、西、北、中五湖，並作有「七堤環繞四城隅，限隔煙波作五湖」詩句。自清同治年間以後，五湖逐漸淤塞，並建上房屋、街道。今城西的水利溝、欽州市游泳場及南面中山公園的兩口池塘，便是當年西湖、南湖的殘跡。

· 古城牆位於現欽州市竹欄街民居後

· 東門遺址

　　民國二十八年（1939 年）秋，日軍侵佔欽州前夕，縣長王公憲奉令將城全部拆毀（理由為一旦日軍轟炸易於民眾疏散和利於中國軍隊反擊）。今城內城外均已建上樓房和街道，並已連成一體，不易分清。城垣的大概範圍是：今一馬路北面房屋背靠南城垣，白沙、竹欄街西面房屋背靠東城垣（個別地方還有殘牆痕跡），欽州市游泳池及水利溝東面是西城垣，人民南路北端（地區供銷儲運貿易公司門前）東西向打橫是北城垣。今城內街東端是城東門，稱朝陽門；欽州市百貨大樓右側背後是城南門，稱觀海門；欽州市人民醫院的圍牆門前東向是城西門，稱鎮遠門。欽州古城其他文物古跡主要有廣州會館、馮子材舊居、三宣堂和欽州騎樓街等。

· 廣州會館

位於欽州市勝利街 29 號，建於清乾隆四十八年（1783 年），後兩次重修，占
地面積 1180 平方公尺，為欽州市文物保護單位。

· 馮子材舊居（宮保府）

位於欽州市北白水塘附近，建於清光緒元年（1875 年），建築面積 2020 平方
公尺，為全國重點文物保護單位。

· 三宣堂

位於欽州市板桂街 10 號，是愛國民族英雄劉永福（1837—1917 年）的故居。建於清光緒十七年（1891 年），占地面積 22700 平方公尺，是全國重點文物保護單位。

· 欽州騎樓街

供稿：田心、黃啟洲

永寧州古城
YONGNING ZHOU GUCHENG

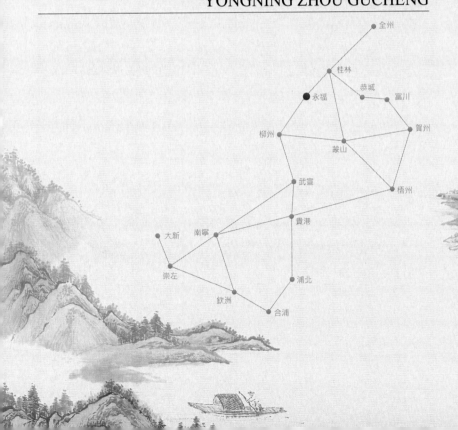

永寧州古城

　　永寧州古城位於廣西壯族自治區桂林市永福縣百壽鎮壽城村半邊街北端。

　　永福縣原為百壽縣和永福縣兩個縣合併組成。百壽地秦時屬於桂林郡，漢朝時為始安、潭中縣的屬地，到了晉朝太康時，設置了常安縣，這是百壽地最早建立的縣，到了隋朝初又併入始安縣。唐武德四年（621 年），把始安分為永福、純化等縣。永福縣因縣治附近有五福山而得名，這是永福設置縣的開始。純化縣就是晉朝時期的常安縣，唐貞觀年間改名為慕化縣。乾寧三年（896 年）又從慕化縣分出古縣。北宋嘉祐六年（1061 年）撤銷了慕化縣，把慕化縣併入古縣。明洪武十四年（1381 年），古縣改名為古田縣。隆慶五年（1571 年）古田縣改名為永寧州。永福縣名一直不變，但這時屬於永寧州管轄。清代時，永寧州、永福縣屬於桂林府。民國二年（1913 年），永寧州改為永寧縣，次年又改為古化縣。民國二十年（1931 年）改為百壽縣，這是因縣城附近有百壽岩而得名。其間，永福縣名一直不變。1952 年，百壽縣、永福縣合併稱為永福縣，行政區劃與縣名沿襲至今。

　　永寧州城東、西、北三面環水，東河沿城東直流而下，西河沿城西轉北與東河匯合。城四周有筆架山、回龍山、羊奶山和烏龍山。

· 古城街道

· 古城民居

· 城牆

　　永寧州古城為一座明代城址，至今已有 500 多年歷史，仍保存得比較完整，包括城牆、東門敵樓、西門敵樓、南門敵樓、北門敵樓、石拱橋（2 座）、城南護城河堤、城西護城河堤和國殤壇。州城始建於明成化十三年（1477 年），「時周長三百丈，高一丈五尺，厚六尺，為土城」。成化十八年（1482 年）加砌石牆面，牆心填土。又經隆慶五年（1571 年）城西面加寬，次年建東、南、西、北四門。萬曆三年（1575 年）「城牆增高四尺，增厚二尺，擴城北面三十丈，建敵樓四處，窩鋪十三個，氅氈垛頭六百三十七個」。萬曆十四年（1586 年）在城東「築護城河堤一百三十丈」。清康熙十一年（1672 年）南、北敵樓曾被火燒，城牆多處崩塌，後修復。入民國，護城河堤南段

· 東興門（東門）

被洪水沖塌，1941年，拆城牆上城垛、女牆取磚建百壽國立中學。

城池平面略呈長方形。四方各辟城門一座，南為永鎮門，北為迎恩門，東稱東興門，西稱安定門。現存石質城牆，高3.7公尺，厚3.2公尺，周長1277.5公尺。城南護城河堤長73.14公尺，城西護城河堤長67.58公尺。北門外石拱橋名為接龍橋，該橋為單拱石橋，長7公尺，拱高5.2公尺。西門外拱橋名西門橋，長12

· 永鎮門（南門）

公尺，單拱，拱高3.6公尺。兩橋均建於清咸豐年間，系用方石錯縫砌成。國殤壇在古城西門外300公尺處。

1981年，永寧州古城被列為廣西壯族自治區文物保護單位。

· 迎恩門（北門）

· 安定門（西門）

　　在永寧州古城外不遠有個百壽岩。南宋紹定二年（1229 年），地方官吏刻了一個大「壽」字於岩頂部石壁上。大「壽」字為楷體，但其中嵌有 100 個各種字體的小「壽」字，小字為古代書法家墨蹟，造型奇特，因此得名「百壽岩」。

· 由 100 個小「壽」字組成的大「壽」字

· 百壽岩石刻

· 百壽岩

供稿：黃毅華、秦玉庭、黃啟洲

臨賀故城
LINHE GUCHENG

全州

桂林

恭城　富川

永福

賀州

柳州

蒙山

武宣

貴港　梧州

大新　南寧

崇左　浦北

欽洲

合浦

　　臨賀故城位於今廣西壯族自治區賀州市八步區賀街鎮。

　　賀州市位於萌渚嶺南面，是由湘入桂的交通要道之一。秦始皇二十八年（前 219 年），秦始皇發兵五十萬，分五路越過五嶺攻打百越，這裡是其中的一條主要道路。秦始皇三十三年（前 214 年），秦統一了嶺南，設置了桂林、南海、象三郡，賀州這一帶屬於南海郡。

　　西漢元鼎六年（前 111 年），設立了臨賀、封陽二縣，屬於蒼梧郡管轄。三國時屬於吳國，黃武五年（226 年）增設了建興

縣，與臨賀縣、封陽縣一起屬於臨賀郡。南朝宋泰始五年（469
年）臨賀郡改為臨慶國，南朝齊建元二年（480年）將臨慶國
改為臨賀國。陳朝時又重新設置臨賀郡。隋開皇九年（589年）
廢臨賀郡設置賀州，開皇十八年（598年）改名為桂嶺縣。唐
武德四年（621年）重新設置賀州。五代、宋朝、元朝均沿襲
下來。明洪武十年（1377年）撤賀州，置賀縣。清朝時從賀縣
分出信都廳。民國初年將信都廳改為信都縣。

　　1949年後，賀縣屬平樂專區。1951年，信都縣併入賀縣。

· 古城牆遠眺

1958 年 7 月，平樂專區撤銷，賀縣屬梧州專區（後改梧州地區）。1997 年撤銷賀縣，設立賀州市（縣級市），梧州地區更名為賀州地區，轄賀州市、鐘山縣、昭平縣、富川瑤族自治縣。地區駐地從梧州市遷到賀州市八步鎮。2002 年撤銷賀州地區成立地級賀州市。現賀州市轄八步區、鐘山縣、昭平縣、富川瑤族自治縣和平桂管理區。

西漢元鼎六年（前 111 年），漢武帝在臨賀兩江交匯處開始設立臨賀縣，直到 1952 年 8 月，賀縣人民政府的駐地從賀街鎮遷到八步鎮，這裡就有了 2000 多年的建制歷史。臨賀縣最早的城池在臨賀兩水匯合處約 1000 公尺的地方，即今賀街鎮大鴨村城址，後來又遷到洲尾舊城址處。臨江西岸的城址，即河西古城，是臨賀故城中歷史最悠久的城池，曾作為郡、州、縣的駐地共 1900 多年，其規模也十分宏大。

· 臨賀古城牆簡介

· 浮山寺

　　臨賀故城目前尚有 1100 多公尺的城牆，殘高 3 ～ 6 公尺，殘寬 4 ～ 25 公尺，城牆城磚的製造年代和一些圖案均清晰可見。城牆上有一座清乾隆年間修建的六角形寶塔，為青磚砌成，十分顯眼。城牆外有一條人工開挖的護城河，於東漢時挖成，今大都淤積成凹地，窄的尚有 6 公尺寬，種水稻，寬的有近 20 公尺，作水塘養魚。故城的東面緊靠臨江，以河岸為天然屏障，沿江的上關街、下關街也遺存有歷代的磚砌護城牆，臨江岸邊還保留著用石頭築成或用磚塊砌成的碼頭。

　　河西古城原來有東、西、南、北四個城門，城牆原來全部由夯土築成，到南宋德祐年間開始在城牆加包磚，並且修建了

城垛。古城裡以衙門、捕廳、文廟等行政、文化部門的建築為主，以商業鋪面為輔，加上民居，功能清晰。現保存較完整的建築有縣府衙門、臨江書院和一些大姓宗祠及部分古民居等。「一」字形的石板街仍較完好，一直通往寧靜幽深的小巷，兩旁民居古舊、潔淨，十分難得。

· 故城碼頭

· 河西桂花井

· 河東劉宗標故居

· 陳王廟

· 清代至民國時期的河東騎樓街

　　在河西古城的對河還有一個東城區，今人稱河東街。河東街今有沿著賀江東岸而建的長達 1000 多公尺的街道，街道有 6 公尺寬，用鵝卵石、石灰、河沙、黃泥混合鋪成。沿街是一間間相連的騎樓建築，這個城區因是明朝以後逐步形成，故街上的房子許多是明清時期的建築風格。如今，河東街尚存南嶽廟、魁星樓、粵東會館、杉行工會、真武觀、慧園等建築。在魁星樓處曾有座跨江浮橋，對面西岸原是城池的東門樓，兩邊碼頭都是鋪著扇形圖案地磚的青石橋，如今此處只剩下東岸的碼頭和魁星樓，它們見證了歷史上曾經的繁華。

供稿：熊開闊、黃啟洲

全州古城
QUANZHOU GUCHENG

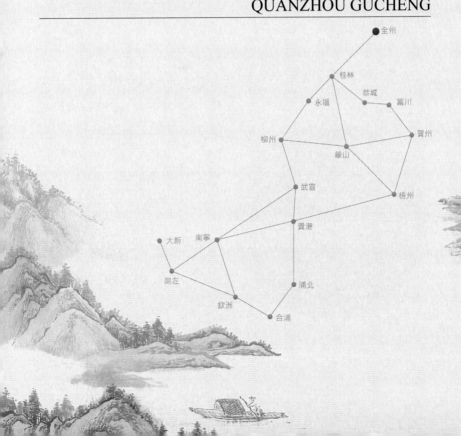

全州古城在廣西壯族自治區桂林市全州縣全州鎮。全州縣位於廣西東北部，地處湘江上游，東北部與湖南道縣、新寧、雙牌、東安等縣交界。縣治在全州鎮。

全州縣在秦朝稱零陵縣。零陵為秦朝在今廣西境內設置的四個古縣之一。

秦始皇二十六年（前221年），在全州境地設置零陵縣，縣治在今全州縣湘江西岸一帶，時屬長沙郡。西漢元鼎六年（前111年）在其境內設置了零陵郡，治所在今全州境內。隋開皇九年（589年）時撤零陵，設置湘源縣，治所在今全州鎮柘橋村。五代後唐天成元年（926年），湘源縣改湘川縣。後晉天福四年（939年）設置全州，以湘山壽佛周宋慧法名「全真」為州名。湘川縣改為清湘縣。元至元十四年（1277年）改稱為全州路，治所在今全州鎮，屬於湖廣行中書省，清湘縣保持不變。明洪武

· 東漢四神銅鏡

東漢（25—220年）。銅鏡直徑10.6公分，厚0.5公分。1997年於鳳凰鄉鳳凰嘴古墓群出土。圓形，背面中心凸起乳狀帶孔鈕，鈕四圍高浮雕象徵天地四方的青龍、白虎、朱雀、玄武四靈。

元年（1368年）改為全州府，治所在今全州鎮。洪武九年（1376年）降為州，撤銷了清湘縣，併入全州。洪武二十八年（1395年）改為隸屬廣西桂林府。清朝按此沿襲下來。民國元年（1912年），全州改為全縣。

1949年後，全縣屬桂林專區，1959年改稱為全州縣。

全州縣今屬桂林市，轄全州鎮、石塘、紹水、才灣、龍水、大西江、文橋、廟頭、黃沙河等9個鎮和鳳凰、咸水、兩河、安和、枧塘、白寶、永歲、東山瑤族鄉、蕉江瑤族鄉等9個鄉（民族鄉）。

· 洮陽城址

位於全州縣永歲鄉梅潭村東160公尺處。西漢元鼎六年（前111年）建洮陽縣，屬零陵郡。城於隋開皇九年（589年）廢。城址為廣西壯族自治區文物保護單位。

古城牆

全州古城建於明洪武元年（1368 年），位於湘江西岸。現僅存長 34.6 公尺、厚 6.2 公尺、高 4.8 公尺的一段城牆。

· 古城牆

達道門

明代全州古城原有城門五座,今僅存東南方的達道門。明洪武元年(1368年),將原為磚結構的達道門改建為磚石結構。城門圓拱形,深6.8公尺,寬2.6公尺,高3.8公尺。

· 達道門

妙明塔

妙明塔建於唐乾符元年(874年),原高五層,北宋時改建為七層八角形攢尖頂磚木結構樓閣式磚塔。塔通高27.7公尺,

底徑 6.7 公尺，八面皆窗，中空。塔內設樓梯盤旋而上。塔頂葫蘆狀，塔剎頂鑲嵌鎦金「風波瓶」，旁系銅鈴。南宋紹興五年（1135 年）宋高宗贊其「正大光明，妙哉」，妙明塔因此得名。2013 年，被列為全國重點文物保護單位。

康熙御筆「壽世慈蔭」

清康熙五十二年（1713年），康熙欽賜御筆「壽世慈蔭」，懸掛於無量壽佛大殿之上，後由時任廣西巡撫的陳元龍

· 妙明塔

· 「壽世慈蔭」石刻

等地方官員往江南覓名匠於康熙五十四年（1715年）照樣放大摹刻於湘山絕壁上，使往來者「舉目即觀」。字為楷體，字幅通長約8.4公尺，高約2.6公尺，字徑約1.6公尺，康熙玉璽「康熙御筆之寶」（篆體）位於字幅中上方。

放生池

　　放生池位於湘山寺南部，占地面積414平方公尺。清光緒五年（1879年）該寺主持雇名匠擇石依勢雕刻成此動物群石刻珍品。石雕動物千姿百態，栩栩如生，為廣西罕見的文物精品。

· 放生池

· 湘山寺（20 世紀 80 年代重建）

石濤蘭花石刻

　　石濤蘭花石刻位於妙明塔後
的飛來石右側上方。石刻中蘭葉
各舒柔姿，似仙子淩風，天生
地長。該石刻以明末清初的大畫
家石濤的畫所刻。石濤精書法，
善詩畫，其畫作有「寸紙尺壁」
的美譽。

· 石濤蘭花石刻

紅七軍前委會議舊址

　　紅七軍前委會議舊址位於全州縣十字街，原名關岳廟，建於清同治八年（1869 年），規模宏大。現存後座正殿。1931 年1 月，紅七軍前委在此召開會議。會議由鄧小平主持，批判了「攻打大城市」的「左」傾冒險主義行動，扭轉了危局。此後，經過半年的轉戰，紅七軍到達湘贛革命根據地與中央紅軍勝利會師。

· 紅七軍前委會議舊址

供稿：黃啟洲、秦玉庭

133

武宣古城
WUXUAN GUCHENG

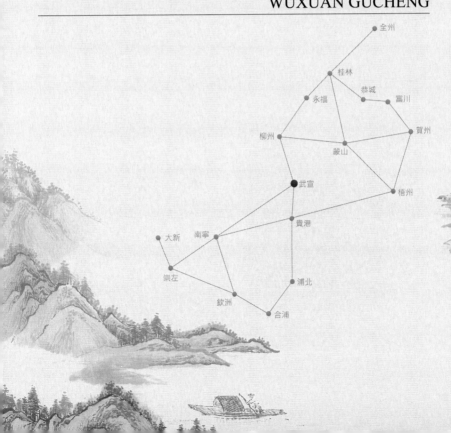

全州

桂林

恭城

富川

永福

賀州

柳州

象山

梧州

武宣

貴港

大新　南寧

崇左

浦北

欽州

合浦

武宣古城在今廣西壯族自治區來賓市武宣縣武宣鎮。

武宣縣位於廣西壯族自治區中部，來賓市東南部，北回歸線橫貫境內。柳江河與紅水河在縣境北部的三江口匯合為黔江，自西北向東南貫穿縣境中部，到桂平市與郁江、潯江匯合。

先秦時期，今武宣屬百越地。秦始皇三十三年（前 214 年）統一嶺南，在武宣縣境置中留縣，為桂中地區行政建置之始。秦代中留縣屬桂林郡，郡治布山。中留縣即武宣縣前身。中留為秦代在今廣西境內設置的四個古縣之一，治所在今來賓市武宣縣西南桐嶺鎮一帶。秦末漢初，今武宣地屬南越國。

西漢元鼎六年（前 111 年），漢武帝平定南越，改桂林郡為郁林郡。三國時期，今武宣地屬吳國郁林郡，稱中溜縣；吳鳳凰三年（274 年）分郁林郡地，增置桂林、始安、臨安三郡，今

在武宣縣東鄉鎮石崖村出土的東漢冷水沖型銅鼓

· 敕賜永通峽

位於縣城南黔江右岸璜
玉山，為明正德十一年
（1516 年） 刻，2004
年被定為來賓市第一批
文物保護單位。

武宣縣為桂林郡桂林縣，郡治武安（今象州縣境）。晉朝，今武
宣縣改稱中冑縣，屬郁林郡。

　　南朝時期，宋、齊複置中溜縣，為宋郡治，屬桂林郡。
梁、陳時期仍稱中溜縣，屬桂林郡。隋開皇十年（590 年）增設
桂林縣，第二年武宣的境地併入桂林縣，屬於象州，大業初改
屬始安郡。

　　唐武德四年（621 年），在桂林縣地中單獨設置了武仙縣，
因為境內有仙人山而安此名。「寒江夜雨聲潺潺，曉雲遮盡仙
人山。遙知玄豹在深處，下笑羈絆泥塗間。」唐代政治家、詩人

137

柳宗元在柳州為官時，曾在友人陪同下，到武仙縣拜訪隱居在仙人山的賈鵬，之後寫下了這首有關仙人山的詩。

五代十國及宋、元兩朝亦稱武仙縣。

明永樂六年（1408 年）武仙縣更名為武宣縣；宣德六年（1431 年），縣城由陰江（今三里鎮舊縣）遷至高立（今武宣鎮），縣名、縣治一直沿襲至今。

1949 年後，武宣縣屬柳州專區。1952 年 9 月行政區域調整時，武宣縣與象州縣合併，稱石龍縣，縣治在今象州縣石龍鎮。1962 年 3 月撤銷石龍縣，複置武宣縣，縣治在武宣鎮，屬柳州專區。1971 年，武宣縣改屬柳州地區。2002 年，經國務院批准撤柳州地區，設來賓市，武宣縣屬來賓市。武宣今轄武宣、桐嶺、通挽、三里、東鄉、二塘、黃茆、祿新等 8 個鎮和金雞、思靈等 2 個鄉。

武宣舊縣城遺址

武宣縣宋代至明代的縣城，位於今三里鎮舊縣村範圍內的黔江左岸臺地上。舊城址為東北至西南走向，略呈方形，邊長各 600 公尺，距縣城 10 公里。現仍保留一段殘餘的土夯城牆，高 1 ～ 3 公尺，厚 5 公尺，部分城壕仍清晰可見。地表有大量器物殘片，瓷器以醬釉印花瓷為主，夾雜些青黃釉和青花瓷，

青磚塊大而厚重。縣誌記載：武宣縣舊縣古城前名武仙，唐武德四年（621年）析桂林縣置武仙，明永樂改名武宣，故城在今縣治東下游10公里今之舊縣塘（今舊縣村），明宣德六年（1431年）始移今治。

武宣古城

武宣古城位於今武宣縣城內。明洪武三年（1370年），官府議將縣城遷至高立，並開始動工築土城；宣德四年（1429年）大建城郭官署衙門；宣德六年（1431年）將縣城遷至今縣城所在地。目前縣城仍保存完好的文廟、北樓和西門碼頭等，都是明代的建築。

北門城樓

北門城樓位於縣城老北街北門上，俗稱北樓，城北門亦稱尚武門。北樓始建於明代初期，原武宣縣城在今縣城東南10公里的舊縣村，明洪武三年（1370年）議遷今治，先築土城，到成化年間改為磚牆，「城牆高二丈，寬一丈三尺，周圍二百九十三丈，炮臺十一門，垛口七百五十八個，四周壕溝寬一丈五尺，深四尺」。宣德六年（1431年）正式遷縣城至今址。縣城建有東、南、西、北城門樓。1950年代，拆了東門。「文化大革命」期間，西、南城門樓拆除它用，僅存北樓。

· 北門城樓（明代）

　　北樓建築面積為 250 平方公尺，城牆高 6 公尺，樓高 9 公尺，通高 15 公尺。城門為券頂內外兩層式，外層高 2.8 公尺，寬 3.1 公尺，內層高 4.1 公尺，寬 4.1 公尺。城牆上建兩層樓，屬磚木重簷歇山頂架樑式結構，面寬三間，單間進深，青灰白色瓦，翠綠琉璃滴水，四面翼角，各吊風鈴。封簷板刻繪花卉禽獸圖案。一樓四根石質金柱，八根青磚菱形廊柱。二樓金柱承一樓直頂大樑天面，樓面為木板，上鋪青磚。

　　1985 年 12 月 1 日，武宣縣人民政府公佈其為縣級文物保護單位。2004 年，來賓市人民政府將北樓定為市級文物保護單位。2006 年，廣西壯族自治區人民政府公佈北樓為自治區文物保護單位。

西門碼頭

　　西門碼頭位於武宣鎮西街西邊的黔江左岸。始建於明朝初期，清朝時修繕。碼頭全長 163.5 公尺，寬 3.8 公尺，分 52 個平臺，143 級石階。碼頭沿河岸地勢而築，上鋪設青石條，有些就用河岸石鑿成，一直延伸至最低水位河床下。此碼頭是明清時期武宣最繁華的碼頭，船沿江上可至柳州，下可至桂平、梧州，人們從碼頭上至西街可進入武宣縣城。在碼頭與西街會合處南側建有一座平安廟，主要是為了祈求船運、渡河時人畜貨物平安，商人生意興隆。整個碼頭保存較好，至今仍然使用。

· 西門碼頭（明代）

141

武宣文廟

　　武宣文廟又稱黌學宮，既是紀念和祭祀孔子等先賢的祠廟，又是武宣縣最早興學立教之地，所以人們常稱其為孔廟。孔廟於明宣德六年（1431年）從舊縣城遷來，建於南門左隅。孔廟坐北朝南，俯視黔江，面對文筆峰，地形高敞，規模雄偉，甚為壯觀。整座建築占地面積 5863 平方公尺，東西寬 47.4 公尺，南北長 123.7 公尺，為廣西現存最大的古代孔廟，在明正德、嘉靖年間相繼修葺，崇禎年間建尊經閣及辛巽二門。

· 武宣文廟（明代）

142

後經過清康熙五十一年（1712年）至民國元年（1912年）的多次重修、擴建，形成了由照壁、東西廂房、禮門、義路、欞星門、狀元橋、泮池、大成門、名宦祠、鄉賢祠、東西廡、露臺、大成殿、崇聖祠、尊經閣、明倫堂等組成的一個歇山頂穿斗式磚木結構的宮殿式古建築群體。2000年，武宣文廟被公佈為廣西壯族自治區文物保護單位。

· 古城民居（清代）

仙城書院

　　仙城書院創建於清乾隆三十四年（1769年），光緒二十八年（1902年）後改為小學學堂，以後一直是師範學校、仙城中學、武宣中學和教師進修學校校址。

· 仙城書院（清代）

供稿：黃啟武、覃允府

富川古城
FUCHUAN GUCHENG

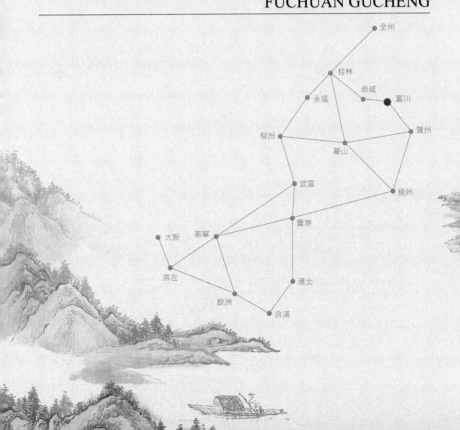

全州

桂林

恭城   富川

永福

賀州

柳州

蒙山

武宣

梧州

貴港

大新 南寧

崇左

浦北

欽洲

合浦

富川古城在今廣西壯族自治區賀州市富川瑤族自治縣富陽鎮。

　　富川瑤族自治縣位於廣西東北部，東部和北部與湖南毗連，面積 1572 平方公里。東眺萌渚嶺，西依都龐嶺，北靠黃沙嶺，南望天堂嶺。富江河從富陽鎮東側南北穿流而過。富川秦朝時屬南海郡地，西漢元鼎六年（前 111 年），於境內設置富川縣和馮乘縣。兩縣因此地有富水、馮溪兩條河而得名，兩晉到隋朝一直沿襲下來。唐天寶年間，富川曾改名富水縣，後又複稱富川縣。北宋開寶四年（971 年），撤馮乘縣併入富川縣，元、明、清、民國均保持不變。

　　1953 年 4 月，富川縣與鐘山縣合併為富鐘縣（縣治在鐘山鎮），1962 年複分鐘山、富川二縣，富川縣縣治在富陽鎮。1983 年 8 月，改為富川瑤族自治縣。今屬賀州市，轄富陽、朝東、城北、麥嶺、葛坡、福利、蓮山、白沙、古城等 9 個鎮和柳家、石家、新華等 3 個鄉。

富川古城

　　富川古城始建於明弘治十三年（1500 年）。城為橢圓形，東西寬 650 公尺，南北長 720 公尺，總面積為 0.4 平方公里。城牆原用大塊青磚砌成週邊，內充實土，周長 2713 公尺，高 6

公尺，頂寬 2.7 公尺，有城垛口 909 個，有東、西、南、北四
大城門樓。西門毀於民國初期，其餘三門現還保留完整。東日
升平門，以鯉魚石為鎮門石；西日泰定門，以眼眉石為鎮門石；
南日向日門，以芒鞋石為鎮門石；北日迎恩門，以鴛鴦石為鎮
門石。各城門用大方青石 821 ～ 896 塊砌成，呈內收式向上，
固若金湯，宏偉壯觀。城門頂部券拱，兩邊連接的城牆高 6 公
尺。城牆外築有城壕，城壕寬 9.9 公尺，深 3.3 公尺。可見，富
川古城是一座易守難攻的軍事堡壘。

· 向日門

· 迎恩門

· 富川古民居

· 升平門

古城內是「井」字形鵝卵石花街，日陽壽街、進升街、仁義街、迎恩街、北門街，舊時設縣衙署、城守署、千戶所，學宮、書院、寺、觀、祠、廟、民居密佈全城。還設有「四漏」、「九井」、「四塘」等設施。「四漏」是每個城門右側築有一條高1.5公尺、寬0.8公尺的地下通道，是排水或作戰的暗道。「九井」、「四塘」是城內生活用水或防火設施。

· 慈雲寺與瑞光寶塔

富川文廟

　　富川文廟位於富川舊城北隅、北門樓右側 20 公尺處，坐北朝南，始建於明正德元年（1506 年），由尊聖祠、明倫堂、尊經閣、名臣戰門、泮月池、大成門、大成殿、後清宮、旁殿等建築組成。現存大成殿、東西兩邊旁殿、圍牆等建築，泮月池已用土填平。整個建築占地面積 8917.7 平方公尺，建築面積4527.5 平方公尺。從清康熙五十二年（1713 年）至道光十四年（1834 年），文廟建築重修全部落成。現存的大成殿於 2004 年全面維修。富川文廟至今已有 500 多年的歷史，是桂東地區現存完整的瑤族古代學宮建築中規模最大、延續歷史最長的一座學宮，為研究我國南方瑤族文化、嶺南文化、楚文化歷史的發展過程提供了寶貴的實物史料。

· 富川文廟

供稿：富川瑤族自治縣文物管理所

恭城古城
GONGCHENG GUCHENG

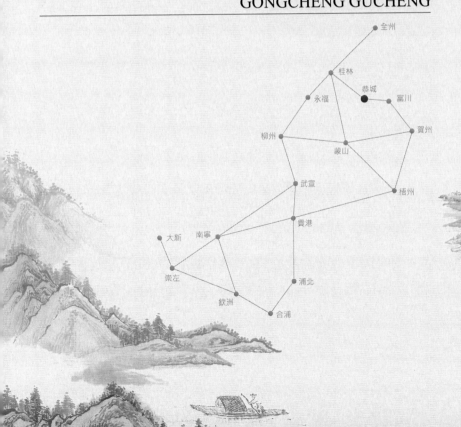

· 蛇蛙紋銅尊

春秋（前770—前476年）。高16公分，口徑16.8公分，腹深11.5公分，足徑12.3公分。1971年於廣西恭城縣嘉會鄉（今嘉會鎮）秧家村出土，中國國家博物館藏。

銅尊喇叭口，下垂腹，圈足。肩部、腹部均以雷紋作底，間飾蛇、蛙紋。蛙是甌駱民族的崇拜物，至今在桂西壯族地區仍有隆重的「蛙婆節」。此器形制與中原銅尊相似，但裝飾圖紋具有明顯的地方色彩，為中原與嶺南文化交流融合的產物。

恭城古城在今廣西壯族自治區桂林市恭城瑤族自治縣恭城鎮。

恭城瑤族自治縣位於桂林市東南部，東西最長橫距56公里，南北最長縱距75公里。恭城東與富川及湖南省江永縣交界，南與鐘山、平樂縣毗鄰，西接陽朔、靈川縣，北臨灌陽縣。

縣境東、西、北三面峰巒重疊。東部為都龐嶺南段花山山脈，略呈南北走向，長約70公里，海拔1000公尺以上的山峰有202個。境內主要山峰有銀殿山、小銀殿山、橫山等。縣內

河流大部分屬珠江水系，少部分屬長江水系。茶江在縣境內的支流有馬林源河、栗木河等 10 條，主河共長 342 公里。

恭城秦時屬桂林郡之臨賀縣。

漢時屬蒼梧郡之富川縣。三國時，屬始安郡之平樂縣。

隋義寧二年（618 年），置桂州，分平樂地，置茶城縣。此為建縣之始。

唐武德四年（621 年），茶城改名恭城。明代與清代沿前制。

民國十六年（1927 年），恭城縣隸屬廣西。

1949 年後，恭城縣屬平樂專區。1958 年，改屬桂林專區，1971 年又改屬桂林地區。

1990 年 2 月 3 日，設立恭城瑤族自治縣，以原恭城縣的行政區域為恭城瑤族自治縣的行政區域。1998 年 11 月，恭城瑤族自治縣改屬桂林市。

恭城瑤族自治縣現轄恭城鎮、栗木鎮、蓮花鎮、嘉會鎮、西嶺鎮 5 個鎮和平安鄉、三江鄉、觀音鄉、龍虎鄉 4 個鄉。

恭城著名的古建築群有恭城古建築群和豸游周氏宗祠。其中恭城古建築群包括文廟、武廟、周渭祠和湖南會館等 4 座明清時期建築，2006 年被列為全國重點文物保護單位。

恭城文廟

　　恭城文廟位於縣城文武路，坐北朝南，依文廟嶺之勢，分 6 級平臺遞進而建，占地面積 3600 平方公尺，建築面積 1800 多平方公尺。

　　文廟始建於明永樂八年（1410 年），原址在城東鳳凰山麓。成化十三年（1477 年），遷至黃牛崗。嘉靖三十九年（1560 年），遷移至今文廟嶺南麓，後部分毀於兵變。清康熙九年（1670 年）進行修復。道光年間，當地官府意欲擴大文廟規模。時值縣內王雁洲、莫勵堂兩位舉人進京赴考，趁會試之便前往

· 恭城文廟

山東曲阜考察。後由知縣彭正楷籌集鉅資,延聘湖、廣名匠,依曲阜孔廟之格局,相應縮小,於道光二十二年(1842 年)重修,建成現在之規模。

恭城武廟

恭城武廟位於縣城文廟嶺南麓,與恭城文廟相距 51 公尺。建於明萬曆三十一年(1603 年),清康熙五十九年(1720 年)、咸豐四年(1854 年)、同治元年(1862 年)幾度重修。

· 恭城武廟

武廟背靠文廟嶺，前臨茶江之畔，占地面積 2100 平方公尺，是廣西現存規模最大、氣勢最宏偉、保存最完整的武廟。

周渭祠

周渭祠位於恭城縣城太和街，是紀念宋代名臣周渭的廟宇。始建於明成化十四年（1478 年），清雍正元年（1723 年）重修，曾被辟為淑德女子學校、縣人民醫院宿舍。周渭祠占地面積 1600 多平方公尺，主要建築包括門樓、大殿、後殿、左右廂房等。

· 周渭祠

湖南會館

湖南會館位於恭城縣城太
和街，占地面積 1847 平方公
尺。始建於清同治十一年（1872
年），為當時的三湘同鄉會所建。
1949 年後被用作糧倉，後被五金
廠用作工廠。1992 年五金廠撤出
後交自治縣文物管理所管理。

· 湖南會館

· 湖南會館裡的古戲臺

· 湖南會館精美的馬頭牆翹角

豸游周氏宗祠

豸游周氏宗祠位於恭城豸遊村內，由周氏族人共商集資捐地修建。該建築群始建於清光緒六年（1880 年），光緒八年（1882 年）宗祠的前院、前座、主座和北跨院兩廂房相繼竣工落成，後因財力等諸多因素而無力再建，直至民國期間南跨院兩廂房才得以修建。該宗祠修建落成後一直由村內周氏後裔使用至今。2002 年，豸游周氏宗祠被公佈為廣西壯族自治區文物保護單位。

· 豸游周氏宗祠

· 老碼頭

· 太和街的老宅子

· 竹家街僅存的古石牌坊

稿：唐春松、秦玉庭、譚小榮、王翔

永安州古城
YONG'AN ZHOU GUCHENG

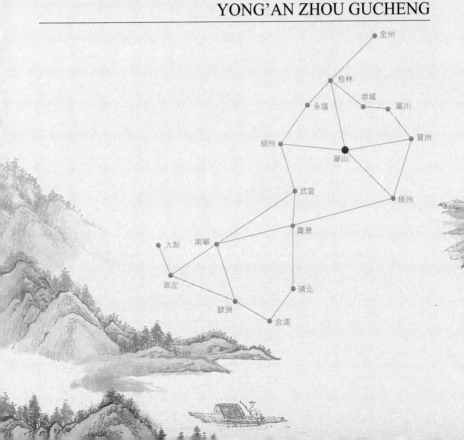

全州

桂林

恭城

富川

永福

賀州

柳州

蒙山

武宣

梧州

貴港

大新　南寧

浦北

崇左

欽洲

合浦

　　永安州古城位於今廣西壯族自治區梧州市蒙山縣蒙山鎮。

　　蒙山縣以前稱永安州，歷史上曾是震撼中華大地的農民起義運動太平天國建制封王的地方。

　　蒙山縣位於廣西壯族自治區東部，縣治在蒙山鎮。蒙山在漢朝屬蒼梧郡荔浦縣地。三國時期屬於始安郡荔浦縣地。隋開皇十年（590 年）從荔浦縣分出隋化縣。唐武德四年（621 年）改隋化縣為立山縣。貞觀八年（634 年）又改為蒙州。因州東面有蒙山（今新聯村屋背嶺），山下有河名蒙水，當地居民多姓蒙而得名。管轄立山、純義、東區三個縣（後純義縣改為正義縣）。到北宋太平興國初期把立山縣改為蒙山縣。熙寧五年（1072 年）撤銷蒙州，東區、蒙山兩縣併入立山縣，隸屬昭州。元朝仍稱立山縣。明洪武十八年（1385 年）撤銷縣改為立山鄉，屬荔浦縣。成化十三年（1477 年）建立永安州。清朝因之。民國元年（1912 年），永安州改為永安縣。民國三年（1914

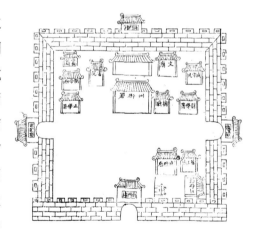

· 太平天國永安活動舊址城牆總體平面圖

年）永安縣恢復舊名蒙山縣，一直沿襲至今。

蒙山縣今屬梧州市，轄蒙山、新圩、西河、文圩、黃村、陳塘6個鎮和漢豪鄉、長坪瑤族鄉、夏宜瑤族鄉3個鄉（民族鄉）。

· 蒙水——護城河

· 刻有清道光年號的城牆磚

永安州城始建於明成化十三年（1477年），青石、青磚結構，原築城「周圍八百七十六步，高一丈六尺，設四門」。清道光二十四年（1844年）重拆複建，現存長118公尺，占地面積369平方公尺。咸豐元年（1851年）太平軍利用聲東擊西戰術從西城牆首克永安州城，並利用該城牆作為保護自己新生政權的內圍屏障。永安城先毀於民國二十六年（1937年），1956—1964年屢遭拆損，現僅存西門背面一段。此段建築彌足珍貴，它與震驚中外的太平天國運動有著不可分割的歷史淵源，具有重要的歷史價值。

· 西城牆外牆

· 西城牆內牆

· 西城牆牆上

太平天國永安活動舊址

太平天國永安活動舊址是太平天國農民起義運動在永安州的主要活動遺址。清咸豐元年（1851年），中國近代史上規模最大的農民起義爆發，太平軍從廣西桂平金田起義後開赴永安，首克永安州城，並在永安駐守了半年多，在此封王建制，開國建政，之後從永安州突圍北上，進軍江南。經過歷次文物普查，蒙山縣保留下的太平天國革命遺址共有26處，2006年，太平天國永安活動舊址被列為全國重點文物保護單位。

武廟

武廟，又名武聖宮，位於蒙山縣蒙山鎮民主街32號，始建於清順治元年（1644年），曾多次重修。武廟坐西北向東南，占地面積434平方公尺，由二進一院三開間組成。第一進為鑊耳山牆，黃琉璃瓦加小青瓦屋面，青磚抹灰牆；第二進為硬山頂，黃琉璃瓦屋面，假清水牆；樑架為穿斗式和抬樑式混合結構，大殿脊上有龍形雕塑、花鳥彩繪。太平天國起義首克永安州城後，東王楊秀清在武廟召集將領商榷軍機要事，故武廟亦稱東王府，是太平天國重要活動場所之一。

· 武廟廂房外景

· 武廟正門

莫家村南王馮雲山指揮所

　　莫家村南王馮雲山指揮所
位於蒙山縣蒙山鎮莫家村內，
建於清道光初年，坐北向南，
占地面積965平方公尺。為
二院一進五開間構成，懸山
頂，小青瓦屋面，「人」字形山
牆，生、熟磚混合牆體，泥磚
牆擱桁，飛簷龍頭翹角，堂內
神龕雕刻精美。原為清朝官吏
莫若璟的宅居，太平軍攻克永
安州後，天王洪秀全派南王把
守城南，馮雲山就利用其作為
指揮所，運籌軍機大事，拱衛
州城。該指揮所是蒙山縣境內
至今僅存的太平天國五王指揮
所，具有很高的歷史價值。

· 莫家村南王馮雲山指揮所山牆翹角

· 莫家村南王馮雲山指揮所正廳

· 永安州炮臺

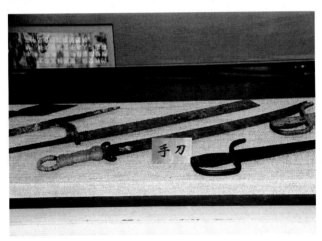

· 兵器

供稿：蒙山縣文物管理所

養利古城
YANGLI GUCHENG

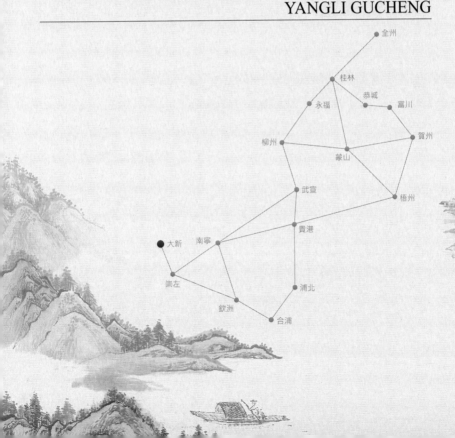

全州

桂林
恭城
闔川
永福
賀州
柳州
蒙山
梧州
武宣
貴港
大新　南寧
崇左
浦北
欽洲
合浦

　　養利古城，又稱桃城古城，位於今廣西壯族自治區崇左市大新縣縣城桃城鎮。

　　大新縣由養利萬承聯合縣與雷平縣於 1951 年 9 月合併而成。大新縣總面積 2742 平方公里。其西面與越南毗連，是廣西壯族自治區一個邊疆縣份。

　　大新在秦朝地屬象郡，漢代屬於郁林郡臨塵縣。唐代這裡設立了養利、萬承、思誠、西原、波等 5 個羈縻州。到了宋代，改成了 8 個土州，分別是養利、思誠、萬承、安平、太平、下雷、全茗、茗盈。元、明、清幾個朝代基本沿襲了土司制度。明洪武二年（1369 年），思誠土州改名恩城土州。全茗、茗盈 2 個土州於清末民初改土歸流時劃歸龍茗縣（今天等縣），於 1953 年又劃歸大新縣。在民國元年（1912 年）養利土州改為養利縣，恩城土州改為崇善縣恩城分縣（1918 年恩城分縣併入養利縣）。下雷、安平、太平 3 個土州於民國十七年（1928 年）合併，成為雷平縣。民國十八年（1929 年）設置了萬承縣，萬承縣於 1951 年與養利縣合併為養利萬承聯合縣。

　　養利古城，在桃城鎮西城利江邊，面積約 0.37 平方公里。明宣德年間，出於軍事考慮，明朝統治者決定在今養利古城址建築城池以防萬一。據史書記載，養利古城始建於明宣德年間，弘治十四年（1501 年）擴建。初為土城，萬曆十七年（1589 年）改建為石城。清朝中期，洪水暴漲，城垣崩塌殆盡。乾隆

三十一年（1766 年），知州麻永年率眾進行全面重修。重修後的養利古城，內外城牆全部用巨型條石砌築，中間填土夯實，上面鋪上火磚。「城牆高一丈七尺，厚八尺，周圍三百七十九丈。」在城牆之上，按方位修建東、南、西、北四座城樓，並開有東、南、西門和兩個小西門（因北面沒有靠山，北樓不開門，今樓上陳放抗日戰爭將士英烈牌）。

在西門與小西門之間的城牆之下，依地勢修建開水閘門一個，以供城內井泉洩洪排澇。養利古城建好後，氣勢雄偉，形態壯觀，堪與明代靖江王所建的桂林王城媲美，故被附近州縣贊為「養利好城池」。但可惜的是，當年宏偉壯觀的養利古城，在戰爭年代屢屢遭到破壞，磚垛被毀，石牆被拆，如今只剩下東、南、西三座城門樓和水閘門以及北樓附近的一段殘牆。1983 年 7 月 1 日，大新縣政府將東、南和西門樓列為縣級文物保護單位，並先後撥款對這三座門樓進行了修復。1994 年 7 月 1 日，大新縣政府又下文將北樓基址及其附近一段石牆和鴛鴦橋列為第二批縣級文物保護單位。

· 養利古城南門樓

位於大新縣城桃城鎮民權街南端，始建於明弘治十四年（1501 年），萬曆
十七年（1589 年）改建，清乾隆三十一年（1766 年）重修。門面朝南。占地
面積 80 多平方公尺。門樓通高 15 公尺。拱形城門，料石結構，拱寬 3.2 公尺，
深 7.7 公尺，高 3.3 公尺。城樓磚木結構，兩層，面闊三間，進深二間，屋頂
多次維修。

· 養利古城東門樓

位於大新縣城桃城鎮中山街東段,始建於明弘治十四年(1501年),萬曆十七年(1589年)改建,清乾隆三十一年(1766年)重修。門面朝東。占地面積80多平方公尺。門樓通高14公尺。拱形城門,料石結構,拱寬3.2公尺,深8.3公尺,高3.3公尺。城樓磚木結構,硬山頂。面闊三間,進深二間,因自然破壞,2003年大新縣博物館對屋頂進行了大修。

養利古城

養利古城內建有民權街、民族街、中山街等三條街道。民權街南通南門，北通中山街；民族街東通民權街，西連中山街；中山街東通東門，西通西門。三條街道縱橫城內，東、南、西面街頭有城門把守，街道兩旁古屋依舊，城中有不固泉通過堅固的拱式水閘門排入近城江中。可見，養利古城是一處街巷傳統消防、給水、排水、防盜、防禦等功能保持較為完好的古城。

· 養利古城西門樓

位於大新縣城桃城鎮民族街西段利江河邊，始建於明弘治十四年（1501 年），萬曆十七年（1589 年）改建。門面朝西。占地面積 80 多平方公尺。門樓通高 12 公尺。拱形城門，料石結構，拱寬 3.2 公尺，深 7.5 公尺，高 3.3 公尺，保存完整。城樓磚木結構，面闊三間，進深二間，硬山頂，1984 年重修。

· 中山街民居（組圖）

供稿：大新縣文物管理所

越州故城遺址

YUEZHOU GUCHENG YIZHI

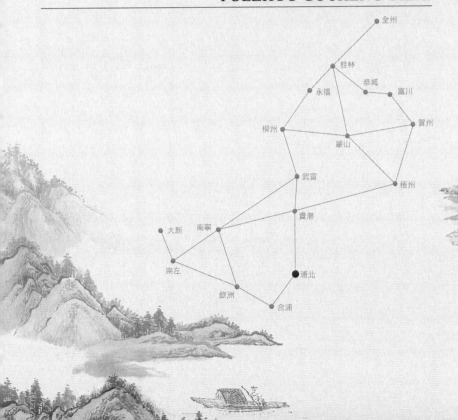

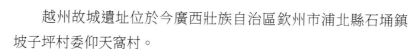

越州故城遺址位於今廣西壯族自治區欽州市浦北縣石埇鎮坡子坪村委仰天窩村。

浦北縣位於廣西南部,總面積約 2520 平方公里,縣治在小江鎮。浦北地域秦時屬象郡。西漢元鼎六年(前 111 年)為合浦縣地。南朝宋泰始七年(471 年)時增置臨漳郡和臨郡縣,治所均在今浦北縣境內,不久併入合浦縣。南朝齊時從合浦縣分出封山郡、龍蘇郡,治所全部在今浦北縣境內。隋開皇十年(590年)撤銷龍蘇郡。唐武德四年(621 年)增設蔡龍縣。貞觀八年(634 年)設置廉州,轄合浦、封山、蔡龍等縣,廉州治所在今合浦縣東北。北宋開寶五年(972 年)撤銷封山、蔡龍二縣,併入合浦縣,浦北為合浦縣地,屬廉州轄,廉州治所遷到現在的合浦縣城。元、明、清、民國都如此。從明朝初期起,浦北與合浦都隸屬廣東省。

1952 年 5 月 12 日,把合浦縣北部劃出設置浦北縣,因位於合浦北部而得名,歸屬廣西省。1955 年又劃歸廣東省,1958年併入合浦縣。1965 年重新設置浦北縣,並再次劃撥給廣西,直到現在。

越州故城,又名青牛城,其遺址南瀕南流江,北向為小山丘,西南地勢平坦,西北面大山環抱,北面和東面均為起伏不大的丘陵地帶。故城依據地形特點而修建,北高南低。正北面與坡子坪小學毗鄰;西南因地勢平坦而為居民宅地,地表暴露

出許多陶、瓷、瓦、磚等碎片；東南面為一內城碼頭，穿過城壕與南流江相連；東北城牆依山築就，穿山為城門。故城遺址內的十字街道與東、西、南、北門對稱，呈方形。內城建在西面的一座山岡上，南北長130公尺，東西寬160公尺，也呈方形。內外城牆輪廓清晰可見，保存基本完好。城牆均由紅、黃色泥沙築建，四周設有城壕。現城址大部分已為耕地，人們更習慣將其稱為越州故城遺址。

· 越州故城北門遺址

· 越州故城東門遺址

· 越州故城南門遺址

· 越州故城西門遺址

　　據《南齊書》卷十四記載，越州是南朝劉宋王朝派遣龍驤將軍陳伯紹率大軍震懾俚人和開發俚區而建立的一個邊疆城市。南朝宋泰始七年（471 年）置越州，築城於元徽二年（474 年），初轄八郡七縣，到南朝齊末發展為二十郡五十五縣。該遺址其轄地東至茂名，南至雷州半島，西至北侖河畔，北至容縣一帶。越州故城自置至廢，經歷了我國南朝時期宋、齊、梁、陳四個王朝，約廢於隋朝中葉。1981 年 8 月 25 日，廣西壯族自治區人民政府將越州故城公佈為自治區文物保護單位。2013 年 3 月 5 日，國務院公佈其為全國重點文物保護單位。

· 越州故城遺址內城一角

· 越州故城遺址
東南向一角

　　1963 年 10 月 19 日，廣東省考古隊對越州故城的主城進行試掘，出土有簡瓦、板瓦、獸面瓦當、水波紋陶罐殘片、素面陶罐殘片、青黃色釉陶碗殘片等多件，同時發現地下約 1 公尺深的地板磚完好。1983 年 7 月廣西考古隊對該故城進行普查，出土鐵劍 2 把，同時出土方格紋陶等隋唐以前的遺物，也發現了大量隋唐時期的陶瓷片、瓦當和城磚。

· 越州故城遺址西南向一角

供稿：浦北縣博物館

187

電子書購買

八桂古城：漢後兩千年的廣西古城探索 / 鄭舟
主編 . -- 第一版 . -- 臺北市：崧燁文化事業有限
公司 , 2021.06
　　面；　公分
POD 版
ISBN 978-986-516-584-0(平裝)
1. 古城 2. 人文地理 3. 廣西省
681.1　　　110001871

八桂古城：漢後兩千年的廣西古城探索

臉書

主　　　編：鄭舟
發 行 人：黃振庭
出 版 者：崧燁文化事業有限公司
發 行 者：崧燁文化事業有限公司
E - m a i l：sonbookservice@gmail.com
粉 絲 頁：https://www.facebook.com/sonbookss/
網　　　址：https://sonbook.net/
地　　　址：台北市中正區重慶南路一段六十一號八樓 815 室
Rm. 815, 8F., No.61, Sec. 1, Chongqing S. Rd., Zhongzheng Dist., Taipei City 100,
Taiwan (R.O.C)
電　　　話：(02)2370-3310　　　傳　　　真：(02) 2388-1990
印　　　刷：京峯彩色印刷有限公司（京峰數位）

定　　　價：250 元
發行日期：2021 年 06 月第一版
◎本書以 POD 印製